DU BIST DER HELD
DEINER GESCHICHTE

Rainer Wälde

Rainer Wälde

DU BIST DER HELD DEINER GESCHICHTE

Wie Dir Filme helfen,
Dein Potenzial zu entdecken

Bibliografische Information der Deutschen Nationalbibliothek

Die Deutsche Nationalbibliothek verzeichnet diese Publikation in der
Deutschen Nationalbibliografie; detaillierte bibliografische Daten sind im
Internet über http://dnb.d-nb.de abrufbar.

© 2015 Neukirchener Verlagsgesellschaft mbH, Neukirchen-Vluyn
Alle Rechte vorbehalten
Umschlaggestaltung: Tim Kaun, Karlsbad
unter Verwendung eines Bildes von shutterstock.com
Lektorat: Hauke Burgarth, Pohlheim
DTP und Gestaltung: Tim Kaun, Karlsbad
Verwendete Schriften: Bebas Neue, Garamond Premier Pro, DIN
Gesamtherstellung: FINIDR, Lipova
Printed in Czech Republic
ISBN 978-3-7615-6186-7 Print
ISBN 978-3-7615-6187-4 E-Book

www.neukirchener-verlage.de

INHALTSVERZEICHNIS

INTRO

08 | Über den Autor
10 | Werden Sie der Held Ihres Lebens!

ABSPANN

92 | Ihre Story verändert die Welt
95 | Diese Filme sollten Sie sehen!

7. DER KAMPF MIT DEM FEIND

80 | Lernen Sie und teilen Sie Ihr Wissen
83 | „Ich dachte, damit wären wir jetzt durch!"
86 | Bewährungsprobe in der alten Welt
91 | Mut zum Weiterdenken

6. DER BÖSEWICHT

70 | Wer sind die Feinde in Ihrem Leben? !
74 | Der Feind in meinem Kopf
77 | Alt gegen Jung, Jung gegen Alt
79 | Mut zum Weiterdenken

5. DIE ERSTE KRISE

60 | Finden Sie Ihre Energiequelle!
63 | Schwierige neue Welt
64 | Getarnte Begleiter
66 | Quellen der Energie und der Ruhe
69 | Mut zum Weiterdenken

1. GEWOHNTE WELT

18	Warum Sehnsucht zum Leben gehört
21	Sehnsucht ist alterslos
24	Was steht für Sie auf dem Spiel?
27	Mut zum Weiterdenken

2. DER HELD IHRER GESCHICHTE

28	Sie haben Ihr Leben selbst in der Hand!
32	Konflikte? Probleme? Ich doch nicht!
34	Treffen Sie die Entscheidungen in Ihrem Leben selbst?
35	Ein Held geht durchs Feuer!
38	Nehmen Sie Ihr Schicksal in die Hand!
39	Mut zum Weiterdenken

3. RUF DES ABENTEUERS

40	Folgen Sie dem Ruf!
42	Eine große Einladung
43	Die Angst zeigt den Weg
47	Mut zum Weiterdenken

4. DER MENTOR

48	Holen Sie sich die Hilfe, die Sie brauchen!
50	Vorsicht, Mentor!
52	Mentor: Jeder sollte einen haben
55	Ein Mentor muss Krisen durchlaufen
56	Sagen Sie „Danke!"
59	Mut zum Weiterdenken

ÜBER DEN AUTOR

Ganz ehrlich: Wenn mir jemand damals, als ich ein 8-jähriger Junge war, erzählt hätte, dass ich mich einmal als Helden meines Lebens empfinden würde, dann hätte ich ihn vermutlich sehr skeptisch angeschaut. Denn damals fühlte ich mich als alles Mögliche – nur nicht als Held. Ich hatte eher die Außenseiter- und Verliererrolle: rote Haare, Sommersprossen überall, sportlich eine Null. Immer gehörte ich zu den Letzten, die im Schulsport in eine Mannschaft gewählt wurden! Als Teenager träumte ich davon, zum Fernsehen zu gehen und dort Filme zu machen. Aber nie hätte ich auch nur im Entferntesten daran geglaubt, dass sich dieser Traum erfüllen könnte. Das Gefühl, auf dem Gipfel zu stehen, etwas gewollt, geleistet und geschafft zu haben, war mir damals völlig fremd. Ich kannte es einfach nicht.

Später änderte sich das. Ich bekam die Chance, in der Gründungsphase des Privatfernsehens mit zu den Ersten zu gehören, die die prägenden Programme entwarfen und gestalteten. Mit einer Talkshow war ich europaweit auf Sendung, Woche für Woche – eine sehr spannende Herausforderung! Mehr noch: Ein gefragter Moderator zu sein, machte mich in meinen Augen zu einem sehr coolen jungen Mann. Ich war ein Held! In dieser Zeit hatte ich zum ersten Mal das Gefühl, auf einem Gipfel angekommen zu sein. Das tat meinem Ego richtig gut.

Die größte Krise meines Lebens brach nur wenige Monate später über mich herein. Die Diagnose „Krebs" bei der wichtigsten Heldin meiner Lebensgeschichte – Bettina, meiner ersten Frau – und später ihr Tod bewirkten, dass sich ein Haken an der Felswand löste und ich mit meiner gesamten Seilschaft in den Abgrund stürzte. Wie nah lagen Glück und Elend doch beieinander!

Nach Monaten der schlimmsten Trauer kam ich aber an einen Punkt, an dem ich etwas Entscheidendes erkannte: Ich hatte überlebt. Ich lag am Boden, schaute den Berg an und dachte: Der Gipfel, der mir gestern noch so wichtig war, hat heute keine Bedeutung mehr für mich. Viel wichtiger war für mich, dass mein Leben weiterging. Meine Heldin war tot, ich lag am Boden, aber ich wusste genau: Ich würde aufstehen, den Rucksack aufsetzen und wieder hochklettern. Weil es einen Sinn hatte. Weil es keinen Grund gab, liegen zu bleiben und mich selbst zu bemitleiden. Es gab noch so viele Gipfel, die auf mich warteten. Genau diese Haltung ist es, die Menschen zu wirklichen Helden ihres Lebens macht: Nach einer Niederlage, einem schlimmen Erlebnis, einem Verlust wieder aufzustehen und weiterzumachen. Verantwortung übernehmen, etwas zu tun. Nicht schicksalsergeben das hinnehmen, was das Leben ihnen in den Weg wirft. Ein Held sein kann deshalb jeder – jeder Einzelne von uns hat das Zeug zum Helden in sich.

In den letzten Jahren habe ich fünf junge Männer als Mentor begleitet. Manche von ihnen kamen aus der Film-Branche, andere nicht. Der eine wollte einen eigenen Youtube-Kanal aufbauen. Ein anderer war Regisseur für Werbefilme im internationalen Automobilbereich und verfügte über ein großes Budget. Der dritte war Student und überlegte, ob er sein Studium nicht doch besser abbrechen sollte. Sie alle hatten jedoch eines gemeinsam: Sie fühlten eine tiefe Sehnsucht, mehr aus ihrem Leben zu machen. Sie wollten die Heldenrolle in ihrem Leben übernehmen. Als Mentor dieser so ganz unterschiedlichen jungen Männer stellte ich aber auch fest, dass nicht nur ihr Wille, ein Held zu sein, groß war, sondern auch die Angst – Angst, zu versagen, Angst, das selbstgesteckte Ziel nicht zu erreichen. In meinen Augen hängt diese Angst häufig auch mit der Unsicherheit über die eigene Identität zusammen und die wiederum mit abwesenden Vätern oder Vaterfiguren. Wer glaubt eigentlich an mich? Wer unterstützt mich? Das sind Fragen, auf die meine

Mentees erst noch eine Antwort finden mussten. Dass sie sich aber auf die Suche begaben, machte sie in meinen Augen wiederum zu Helden. Seine eigenen Träume zu haben und an sie zu glauben, ist ein erster Schritt dazu, aber wie jeder echte Held in Geschichten und Mythen braucht man dazu auch andere, die diesen Traum mittragen. Die an wichtigen Gipfeln eine Seilschaft bilden. Die am Berg die Haken einschlagen, wissen, wo die schwierigsten Stellen sind und einem darüber hinweghelfen.

Was ich sowohl an mir selbst als auch an meinen Mentees unterwegs auf unseren jeweiligen Heldenreisen feststelle: Die eigene Geschichte aufzuschreiben, ist die wichtigste Voraussetzung dafür, um die eigene Lebens- (und Erlebens-)Welt zu verändern. So wie Drehbuchschreiber für jeden Film einen neuen Plot schreiben, können wir auch ein Drehbuch, eine Kopiervorlage für das eigene Leben schreiben. Und damit verändern wir die Welt – unsere eigene und die aller anderen, die mit uns unterwegs sind, auch.

Rainer Wälde ...

... ist Berater und Trainer, TV-Moderator und Buchautor. Er steht an der Spitze des Marktführers für Image- und Stilberatung in Deutschland und weiteren europäischen Ländern. Bis zum Abschluss seines Studiums arbeitete Rainer Wälde zunächst in der Öffentlichen Verwaltung und wurde anschließend Rundfunkredakteur und Fernsehmoderator. Er war unter anderem für NBC Super Channel, das niederländische Fernsehen EO, den MDR und RTL tätig.

Seine Fernsehserie „In 115 Tagen um die Welt" wurde mit dem World Media Award ausgezeichnet. „Meine Reise zum Leben" gewann 2010 als „Bester Internationaler Film".

Als Keynote Speaker ist er hauptsächlich in den Feldern Persönlichkeitsentwicklung, Marketing, Public Relations, Kundenservice und Business-Etikette tätig. Rainer Wälde ist seit 2004 Herausgeber des Referenzwerks „Der Große Knigge". Zu den Beratungskunden von Rainer Wälde und der TYP Akademie zählen beispielsweise Bosch Telecom, DKV, DaimlerChrysler, Deutsche Post, Neckermann, SinnLeffers und die Axel Springer AG. Er ist Mitbegründer und Vorsitzender des Deutschen Knigge-Rates.

Laut FOCUS zählt Rainer Wälde zu den „Erfolgsmachern" in Deutschland und gehört zu den 100 Top-Rednern in Deutschland von Speakers Excellence.

Werden Sie der Held Ihres Lebens!

Die Welt ist im Wandel, ich spüre es im Wasser, ich spüre es in der Erde, ich rieche es in der Luft. Vieles, was einst war, ist verloren, da niemand mehr lebt, der sich erinnert. (Herr der Ringe, Die Gefährten)

Prolog von RAINER WÄLDE

Ich erinnere mich noch genau an den ersten Kinofilm meines Lebens. Mein Vater hatte mich in die Stadt mitgenommen – mich ganz allein, weder mein Bruder noch meine Mutter waren dabei! –, und da saßen wir nun: in einem typischen Lichtspieltheater aus den 1960er-Jahren mit dunkelroten Polstersitzen, einer petrolblauen Mustertapete an den meterhohen Wänden, der rote Vorhang vor uns noch geschlossen. Ein Kartenabreißer hatte unsere Eintrittskarten kontrolliert, in meinen Händen hielt ich eine große Tüte mit Popcorn und – eine Sensation! – eine kleine Flasche Coca-Cola mit Strohhalm. Irgendwann wurde es dunkel im Kinosaal, der rote Vorhang rauschte nach oben und „Schneewittchen" begann.

Dieser Nachmittag ist tief in meinem emotionalen Gedächtnis gespeichert: Ebenso wie der Film mich in Aufregung versetzte, genoss ich das Gefühl, mich neben meinem Vater sicher und beschützt zu fühlen. Dieser Nachmittag ist jedoch vor allem deswegen so prägend für mich gewesen, weil mein Vater an diesem Tag das erste Mal eine seiner großen Leidenschaften mit mir geteilt und sie damit auch in mir ausgelöst hatte: Kino und Filme waren von diesem Moment an etwas – und sind es bis heute geblieben –, von dem ich mich wie magisch angezogen fühle.

Etliche Jahre nach meinem ersten Kinobesuch, ich war ein junger Redakteur Anfang zwanzig, bekam ich eine Einladung zu einem Drehbuchworkshop. „Warum nicht?", dachte ich mir und meldete mich an. Ich hatte zwar damals nicht vor, Drehbücher zu schreiben, aber interessant würde der Workshop allemal werden – denn Workshopleiter war Bart Gavigan, ein sehr bekannter Drehbuchexperte aus den USA. Er ist „Script Doctor", das sind die Menschen, die schlechte Drehbücher überarbeiten, damit sie doch noch verfilmt werden können. Heute weiß ich, dass diese Einladung die Initialzündung für sehr vieles in meinem Leben war – beruflich, privat und letztendlich auch für dieses Buch.

Ich ging also zu diesem Workshop und lernte, dass jedem Film, jedem Hörspiel, jedem Buch ein ausgeklügeltes Drehbuch zugrunde liegt. So wie kein Haus ohne Bauplan gebaut werden kann, entsteht keine Geschichte ohne Drehbuch. Ich gestehe es ganz offen: Diese Erkenntnis hat mich als junger Redakteur vieler Illusionen beraubt. Die geheimnisvollen Traumwelten meiner Kindheit, in Büchern, in Hörspielen, in Kinofilmen – alle quasi am Reißbrett entstanden? Genauso wie man lernen konnte, ein Haus zu bauen, konnte man lernen, einen Film oder ein Hörspiel zu gestalten? Das war gar nicht Ausdruck ungebremster, genialer Kreativität? Sondern zu einem großen Teil Handwerk?

Drehbuch Deines Lebens

Die Idee, dass hinter der genialen Kreativität eine Dramaturgie steht, die Filme, Bücher und Theaterstücke in verschiedenen Akten mit Krisen, Höhepunkten und klarer Rollenverteilung ablaufen lässt, war natürlich nicht nur ernüchternd, sondern auch begeisternd. Vor allem die Tatsache, dass diese Dramaturgie einem Jahrtausende alten archetypischen Muster folgt – dem der Heldenreise. Schon die antiken griechischen Dramen sind danach aufgebaut. Aus dieser Heldenreise lassen sich typische Situationen, Figuren und Abläufe ableiten, die dann filmisch oder literarisch verarbeitet und dargestellt werden.

In den darauffolgenden Jahren beschäftigte ich mich immer wieder intensiv mit dem Drehbuchschreiben und der Heldenreise. Ich sah Kinofilme auf einmal mit ganz anderen Augen. Auch meine eigene Arbeit veränderte sich dadurch. Einer der Experten, die mich da ganz entscheidend geprägt haben, ist Christopher Vogler, ein amerikanischer Drehbuchautor und Publizist. Er hat auf Basis der Heldenreise eine Anleitung für Drehbuchautoren entworfen. Wenn ich heute Drehbücher für meine Filme entwickle, dann lehne ich mich oft daran an – aber auch in meinen Büchern und anderen Texten folge ich diesem Muster, mal mehr, mal weniger. Und so sieht dieser Zyklus der Heldenreise aus:

ZYKLUS DER HELDENREISE

Das Ende der Reise: Der Rückkehrer wird zu Hause mit Anerkennung belohnt.

12.

Der Held überschreitet die erste Schwelle. Danach gibt es kein Zurück mehr.

11.

Der Feind ist besiegt, der Schatz befindet sich in der Hand des Helden. Er ist durch das Abenteuer zu einer neuen Persönlichkeit gereift.

10.

Er tritt den Rückweg an, währenddessen es zu seiner Auferstehung aus der Todesnähe kommt.

9.

Der Held kann nun den „Schatz" (konkret: ein Gegenstand oder abstrakt: besonderes, neues Wissen) heben.

8.

7.

Dann findet die entscheidende Prüfung statt: Es kommt zur Konfrontation und Überwindung des Gegners.

Ausgangspunkt ist die gewohnte, langweilige oder unzureichende Welt des Helden.

1.

2. Der Held wird von einem Herold zum Abenteuer gerufen.

3. Diesem Ruf verweigert er sich zunächst.

4. Ein Mentor überredet ihn daraufhin, die Reise anzutreten. Das Abenteuer beginnt.

5.

6. Der Held wird vor erste Bewährungsproben gestellt und trifft dabei auf Verbündete und Feinde.

Nun dringt er bis zur tiefsten Höhle, zum gefährlichsten Punkt vor und trifft dabei auf den Gegner.

Ich weiß nicht, was Sie wahrnehmen, wenn Sie diesen Bauplan lesen. Vielleicht merken Sie sofort, wofür ich eine Weile gebraucht habe: Diese Heldenreise ist nicht nur ein Bauplan für Filme und Hörspiele, Bücher und Theaterstücke, sondern für ein ganzes Leben! Oder sagen wir besser: für Schlüssel- und Krisensituationen eines Lebens. Versuchen Sie doch einfach mal, irgendeine schwierige Entscheidung, die Sie in Ihrem Leben getroffen haben, diesem Schema zu unterwerfen – ich verspreche Ihnen, es wird gelingen! Sicherlich nicht Punkt für Punkt, aber im Großen und Ganzen schon. Fragen Sie sich: An welchem Punkt meiner Heldenreise stehe ich? Was hindert mich daran, die Verantwortung für mein Leben zu übernehmen? Ich bin sicher: Wenn Sie Antworten auf diese Frage gefunden haben, werden Sie Ihr eigenes Leben, Ihre Biografie ganz neu verstehen!

Von dieser Überlegung ist es dann nicht mehr weit zu der Erkenntnis, dass der Held des eigenen Lebens nur jeder Mensch selbst sein kann. Und daraus folgt wiederum zwingend, dass ein Held den Ausgang seiner Geschichte an jeder Stelle der Handlung, an jedem Tag seines Lebens in der Hand hat. Er kann selbst entscheiden, ob er der Sehnsucht nachgibt, seine gewohnte Welt verlässt und das Abenteuer beginnt. Zu jedem Zeitpunkt hat er die Wahl. Es gibt nichts, dem er willenlos ausgeliefert wäre, oder das er nicht aus einer anderen Perspektive betrachten könnte. Das heißt: Wir sind alle Gestalter unseres Lebens. Es gibt keinen Umstand, kein Schicksal, keine Bürde, der wir nicht durch Taten oder einen anderen Blick darauf entkommen könnten. Wir können etwas tun – immer. Wir haben es selbst in der Hand, was wir aus unserem Leben machen.

Die spannende Frage dabei ist: Kann man auf dem Weg durch die Höhen und Tiefen des eigenen Lebens immer erkennen, dass man die Fäden selbst in der Hand hat? Ich glaube, die Herausforderung liegt genau darin, sich dies immer wieder bewusst zu machen – gerade in schweren Zeiten, in denen das Leben es scheinbar nicht gut mit einem meint. Auch Frodo, der Held aus „Herr der Ringe" denkt auf seiner Reise immer mal wieder, dass alles, was ihm widerfährt, Schicksal und deshalb nicht von ihm zu beeinflussen sei. Das ist aber beileibe nicht so. Dass der Ring in die richtigen Hände kommt und die Sonne wieder auf-

geht, liegt an Entscheidungen, die Frodo als Held selbst getroffen hat. Natürlich hat er auf seiner Reise Begleiter und Gefährten, Helfer, Berater, weise Menschen, Mentoren, die Lebenserfahrung haben und ihn unterstützen. Dennoch trifft er seine Entscheidungen alleine und bestimmt so seine Lebensreise. Und das können wir alle tun, Schicksal hin oder her.

Irgendwann brachte mich diese Erkenntnis auf die Idee, eine an die Heldenreise angelehnte Anleitung zur Gestaltung des eigenen Lebens zu schreiben: das Drehbuch des Lebens. Dieses Buch halten Sie jetzt in den Händen. Es ist nicht nur eine Anleitung, Ihrer eigenen Geschichte auf die Spur zu kommen, sondern auch eine Einladung, ganz aktiv das Drehbuch Ihres eigenen Lebens zu schreiben – immer im Bewusstsein, dass unterwegs unvorhergesehene Dinge passieren, dass es Unplanbares gibt, für das Sie gleichwohl die Verantwortung übernehmen. Denn nur Sie selbst entscheiden, wie Sie mit Ungeplantem und Überraschendem umgehen und was Sie daraus machen. Sie treffen Ihre Entscheidungen. Auch darüber, welches Genre Ihre Lebensgeschichte hat. Manchmal werden Sie das Gefühl haben,

mitten in einem Western zu sein, in einem Drama oder in einer Seifenoper. Entscheidend ist jedoch zu erkennen, wofür wir die Verantwortung haben, und dann im entsprechenden Moment unsere Erkenntnisse einzusetzen – nur dann können wir Dinge zum Guten wenden und gestärkt aus der Krise hervorgehen. Leitend für mich ist dabei auch immer der Gedanke, dass ich an einen Schöpfer glaube und weiß, dass da noch einer auf dem Regiestuhl sitzt und über mein Leben mitentscheidet.

Über das Beschreiben der Heldenreise hinaus ist es hilfreich, konkret zu werden. Am Ende jedes Kapitels stehen Fragen, die Sie dabei unterstützen können. An welchem Punkt ihrer Heldenreise stehen Sie? Was hindert Sie, die Verantwortung für Ihr Leben zu übernehmen? Was wollen Sie mit diesem Buch erreichen? Schreiben Sie die Antworten Ihrer eigenen Heldenreise auf.

Ich wünsche Ihnen eine anregende Zeit mit diesem Buch – werden Sie der Held Ihres Lebens!

Rainer Wälde

KAPITEL 1

GEWOHNTE WELT

Warum Sehnsucht zum Leben gehört

Ein kleiner Junge steht auf einem Feld mit noch unreifem grünem Korn. Er reckt die Arme in die Luft und hält sein Gesicht mit geschlossenen Augen dem blauen Himmel und der Sonne entgegen. Das Korn bewegt sich und rauscht im Wind. Seine Stimme spricht zu uns: „Hört mal. Könnt ihr sie hören, die Musik? Ich kann sie überall hören. Im Wind, in der Luft, im Licht. Wir sind von ihr umgeben. Man muss sich ihr nur öffnen. Man muss einfach nur zuhören." Der Junge dirigiert die Kornhalme, die sich im Takt seiner Bewegung drehen. Dann sehen wir ein weißes Farmhaus am Rand des Kornfelds. Viele andere Jungen arbeiten dort auf dem Hof, in einem Stall. Die Stimme des Jungen sagt: „Da, wo ich aufgewachsen bin, haben alle versucht, mir die Musik auszutreiben." Nun ist er selbst dort auch zu sehen. Er sitzt an einem Sprossenfenster des Stalls und schaut in den Himmel. „Wenn ich alleine bin, dann fühle ich sie ganz stark in mir. Ich glaube, wenn ich sie spielen könnte, dann könnten sie mich hören", sagt seine Stimme. „Und sie würden wissen, dass ich ihr Kind bin und mich finden."

Jetzt ändert sich das Bild, es ist Nacht. Der Junge liegt in seinem Bett im Schlafsaal. Vier oder fünf andere haben sich vor seinem Bett aufgebaut. Sie hänseln ihn, sie drohen ihm: „Du bist ein Freak. Du hast keine Familie, du kannst nichts hören. Sag es!" Der Junge entgegnet: „Ich kann sie hören." „Nein! Gib es zu, du kannst sie nicht hören!" „Doch, ich kann sie hören." Und er bleibt so lange standhaft, bis sich die anderen verziehen und ihn wieder in Ruhe lassen.

Diese Szenen leiten den Film „Der Klang des Herzens" ein. Es ist die Geschichte des Waisenjungen

DVD-TIPP

DER KLANG DES HERZENS

Deutscher Titel: Der Klang des Herzens
Originaltitel: August Rush
Erscheinungsjahr: 2007
Regie: Kirsten Sheridan
Verleih: Tobis Filmverleih

Evan, der sich später August Rush nennt. Gleich zu Beginn wird deutlich, was ihn ausfüllt: die Sehnsucht nach seinen Eltern, nach einer Familie. Nach einer Heimat, innerlich und äußerlich, nach Heilwerden. Seine große Liebe zur Musik und seine starke Reaktion auf die Hänseleien der anderen Waisenjungen drücken diese Sehnsucht aus. Seine Frage an das Leben ist: Schaffe ich es, meine innere Musik nach außen zu tragen und dafür zu sorgen, dass meine Eltern mich erkennen, obwohl sie mich noch nicht kennen?

Evan birgt zu Beginn des Films eine Emotion in sich, die sicherlich viele Menschen kennen: das Gefühl, dass etwas fehlt. Die innere Sehnsucht nach etwas anderem als dem, was man täglich vorfindet. Es ist ein dunkles Gefühl von Unglücklichsein; die Gewissheit, dass es noch mehr geben muss; die Sehnsucht nach einem Ganzwerden; die Überzeugung, dass erst etwas in Ordnung kommen muss, dass man etwas ganz Bestimmtes tun muss, bevor man wirklich glücklich sein kann.

Dieser Schmerz, diese Sehnsucht ist vielleicht gar nicht so groß. Deshalb sind sich viele ihrer auch nicht bewusst. Nur manchmal blitzt sie auf, diese Sehnsucht. Immer dann, wenn jemand seinen gewohnten Raum verlässt, so wie Evan – wenn er den offenen blauen Himmel über sich hat, wenn sich das Korn im Wind biegt und sein ganz besonderes Lied singt. Dann geht es Evan wie vielen von uns: Er spürt seine Kleinheit im Vergleich zur großen Welt und kommt dadurch dem Mangel oder dem Minderwertigkeitsgefühl, das sein Leben auch prägt, auf die Spur.

Der Amerikaner Christopher Vogler war jahrzehntelang Berater der großen Hollywood-Studios. In seinem Buch „Die Odyssee des Drehbuchschreibens" sagt er: „In gewissem Sinn tragen wir alle die Wunde der Trennung von Gott, vom Ursprung der Existenz in uns. Wie Adam und Eva nach der Vertreibung aus dem Garten Eden sind wir auf immer fern von unserem Lebensquell isoliert und verwundet." Und genau diese innere Wunde ist es, die diese tiefe Sehnsucht nicht nur in Film-Helden, sondern auch in uns auslöst. Deshalb wissen wir oft gar nicht so genau, was uns fehlt. Jeder Mensch, ob jung oder alt, hat eine große Sehnsucht nach etwas Höherem. Das ist in uns angelegt.

Auch Josef, Jakobs Sohn, kannte diese Sehnsucht. Als junger Mann träumte er, dass sich die Garben seiner Brüder auf dem Feld vor seiner eigenen Garbe verneigten. Und er träumte, dass sich die Sonne, der Mond und die Sterne vor ihm verneigten. Er wusste mit diesen Träumen noch nicht viel anzufangen. Aber eines fühlte er ganz deutlich: dass sein Leben aus mehr bestand als nur Schafe zu hüten und eine Familie zu gründen (Genesis 37).

Ich erinnere mich noch genau an den Ursprung einer meiner Sehnsüchte. Ich entwickelte sie schon als kleiner Junge, als mein Bruder und ich noch zu Hause lebten, auf dem Land, in einem kleinen Ort bei Freiburg. Im Sommer, wenn wir zu Fuß und mit unseren Fahrrädern nach draußen konnten, ging es uns wunderbar. Wir führten ein Leben, in dem wir unsere Lust nach Abenteuern jederzeit stillen konnten. Im Winter

war das anders. Da war unser Radius sehr klein und das Angebot an Unterhaltung eher gering. Einen Fernseher beispielsweise hatten wir nicht. Aber es gab ein Radio. Und ich erinnere mich, dass ich mich vor dieses alte Transistorradio setzte, bei dem man die Sender noch von Hand einstellen musste, und ganz begierig wartete, bis ein Hörspiel kam. Ich liebte Abenteuerhörspiele! Oft wurden bekannte Romane aufwendig inszeniert, mit vielen Sprechern. Die Helden dieser Geschichten nahmen mich mit in fremde Länder und ferne Galaxien, erzählten mir ihre Lebensgeschichten, ihre Biografien, ließen mich die Kämpfe, die sie zu bestehen hatten, hautnah miterleben. Ihre dunklen, geheimnisvollen Stimmen klingen mir bis heute im Ohr.

Diese Hörspiele waren eine Zufluchtsstätte für mich. Dorthin begab ich mich, um dem relativ überschaubaren Kinderalltag zwischen Schule, Hausaufgaben und Elternhaus zu entkommen. Und irgendwann war sie da, diese Sehnsucht. Die Sehnsucht, eines Tages mitzumachen – selbst beim Radio zu arbeiten und Hörspiele zu gestalten. Zu sehen und zu verstehen, wie so etwas entsteht. Wie nimmt man sie auf, wie werden die Geräusche gemacht, wie die Musik, wie geht das alles technisch? Diesem Geheimnis wollte ich auf die Spur kommen.

Bis diese Sehnsucht gestillt wurde, sollte es noch einige Jahre dauern – bis ich 24 Jahre alt und Volontär beim Rundfunk war: Eines Tages stand plötzlich einer der älteren Kollegen in meiner Tür und fragte mich, ob ich Lust hätte, bei einem Hörspiel mitzuwirken. Es sei ein Märchen aufzunehmen und es würden noch Sprecher für Tierfiguren benötigt. Und ob ich Lust hatte! Kurz danach fand ich mich in einem Aufnahmestudio wieder, ein Manuskript in der Hand. Alle Protagonisten des Hörspiels waren Tiere, und wir Sprecher sollten die Tierstimmen möglichst stark imitieren. Im ersten Moment überforderte mich das völlig. Autor und Regisseur erklärten mir dann jedoch, wie man das stimmtechnisch

macht – und auch meine Kollegen um mich herum nahmen sich die Zeit, mir einige Grundlagen nahezubringen. Es war eine große Herausforderung für mich – aber auf einmal machte es „klick". Ich fühlte mich wieder als Kind, das sich, vor dem Transistorradio sitzend, aus seiner Alltags- in eine Abenteuerwelt begibt. Es war für mich wie eine Mischung aus Kindergeburtstag und den nachmittäglichen Spielen mit meinem Bruder oder meinen Schulkameraden – in eine andere Rolle zu schlüpfen, machte mir riesigen Spaß.

In diesen Stunden im Aufnahmestudio fühlte ich mich nicht mehr sehnsuchtsvoll oder minderwertig, sondern geheilt, ganz und am absolut richtigen Platz in meinem Leben. Eine Sehnsucht war in Erfüllung gegangen.

SEHNSUCHT IST ALTERSLOS

Das Gefühl, dass etwas fehlt, dass das, was ist, ja wohl noch nicht alles gewesen sein kann, dieser Lebenshunger hört sich eigentlich nach einer klassischen Krise in der Lebensmitte an, oder nicht? Ich bin mir da ganz sicher: Das ist nicht nur ein Thema für Menschen zwischen vierzig und fünfzig. Sondern auch junge Menschen sind davon betroffen – zum Beispiel dann, wenn sie sich auf einen vorgezeichneten Weg gemacht haben und irgendwann feststellen, dass dieser Weg doch nicht ihrer ist. Dass sie sich fehl am Platz fühlen. Die Sehnsucht nach einem authentischen Leben, nach Aufbruch, nach Neubeginn ist alters- und klassenlos. Sie kommt immer dann, wenn sich Menschen in eingefahrenen Lebenssituationen wiederfinden und ihr Dasein nur noch aus Routinen und Ritualen besteht, die ihnen nichts mehr bedeuten.

Auch mir ging das als jungem Menschen so. Auf Drängen meiner Familie studierte ich Jura und Betriebswirtschaft an einer Verwaltungsfachhochschule – der Traum meiner Mutter war es, dass ich irgendwann Bürgermeister sein würde! Ich quälte mich jedoch recht lust- und motivationslos durch die Semester. Manches machte mir durchaus Spaß – ein Praktikum im Landratsamt beispielsweise ist mir in guter Erinnerung, die Tätigkeit auf dem Standesamt war spannend! Aber die meisten Inhalte fand ich einfach nur staubtrocken. Sie schienen Millionen Lichtjahre von dem entfernt, was mich faszinierte und begeisterte.

Eines Tages sprach mich einer meiner Professoren nach einer Vorlesung an: „Herr Wälde, sagen Sie mal, wie ist das denn eigentlich mit Ihnen und Ihrem Studium hier?" „Was meinen Sie denn?", fragte ich zurück – ich verstand überhaupt nicht, worauf er hinauswollte. „Na ja, es kommt mir oft so vor, als seien Sie nur körperlich anwesend. Und in Gedanken sehr weit weg. Sie schauen fast immer verträumt zum Fenster hinaus."

In diesem Moment fühlte ich mich so, als stünde ich nackt vor ihm. Es war mir unsäglich peinlich, dass er mich durchschaut hatte. Mir schossen so viele Gedanken durch den Kopf, dass ich im ersten Moment überhaupt nicht wusste, was ich sagen sollte. Ich machte mir Gedanken um mein Image,

ärgerte mich fürchterlich, dass ich so bloßgestellt wurde – und gleichzeitig war ich froh, dass mich endlich jemand erkannt hatte. Was heißt froh: Ich war wie elektrisiert! Dieses Gespräch mit dem Professor war für mich der Moment, in dem ich mir meiner großen Sehnsucht bewusst wurde: Die Sehnsucht aus Kindertagen nach Abenteuer, nach einer Arbeit in und mit den Medien, nach dem Ausleben meiner kreativen Energie – sie war wieder da. Und dass der Professor mich als „Träumer" bezeichnete, beleidigte mich nicht mehr, sondern gab mir recht. All diesen Widerwillen, den ich in den Monaten und Jahren meines Studiums verspürt hatte – er war weder eingebildet noch ungerechtfertigt, sondern entsprang so offensichtlich meinem ganz anders gearteten Naturell und meinen Begabungen, dass sogar meine Professoren das merkten! Ich war also gar nicht antriebslos oder gar faul, wie ich befürchtet hatte, sondern hatte einfach nur die falsche Ausbildung gewählt! Das Leben hielt auch für mich mehr bereit als trockene Verwaltungsparagraphen und die Verfolgung von Ordnungswidrigkeiten! Fantastisch!

Von diesem Moment an war mir klar, dass ich mein Studium zwar abschließen, aber niemals die von meiner Familie für mich vorgesehene Beamtenlaufbahn einschlagen würde. Der Protest zu Hause war groß, wie Sie sich vielleicht vorstellen können. Meine Familie verstand mich überhaupt nicht. Aber ich bewarb mich beim Radio und ging unbeirrt meinen Weg, der für mich ein echter Herzensweg war und mich zu dem gebracht hat, was ich heute am liebsten tue: Filme machen.

Dass die Sehnsucht uns aus dem Gleichgewicht bringt und wieder einen Ausdruck oder einen Platz in unserem Leben findet – dafür ist oft nur ein kleiner Impuls nötig.

Wer diesen Impuls wahrnimmt und daraufhin seine Sehnsucht entwickelt, bekommt oft Angst vor der damit möglicherweise einhergehenden Veränderung. Ich denke, wenn diese Sehnsucht hochkommt, dann ist das gesund und förderlich. Denn sie setzt viel in Gang. Sie bringt Menschen letztendlich dazu, das zu leben, was in ihnen ist, und ihrer Bestimmung zu folgen.

Das alles kostet Kraft – keine Frage. Meinen Weg gegen den Widerstand der Menschen zu gehen, die mir so nahe standen, war sehr anstrengend. Es kostet aber auch Kraft, seiner Sehnsucht nicht zu folgen, und die Verletzungen des ganz normalen Lebens zu verstecken. In einer ausbalancierten Welt gilt es als Maß aller Dinge, stets glücklich und erfolgreich zu erscheinen – und sich entsprechend in der (Netzwerk-)Öffentlichkeit zu präsentieren. Ganz normale Katastrophen wie abgebrochene Ausbildungen, nicht eingeschlagene Karrierewege, erfolglose Jobsuchen oder gescheiterte Beziehungen haben da wenig Platz, denn sie machen den Eindruck des geordneten Lebens kaputt. Disbalancen sollen nicht sichtbar werden. Lieber setzt man sich eine Maske auf, die einen selbst schützt – das ist immer auch eine Frage des Stolzes. Wer seine Maske fallen lässt und sich selbst nicht mehr idealisiert darstellt, muss aushalten, dass andere ihn scheinbar schwach erleben. Das fühlt sich im ersten Moment schrecklich an.

Deshalb: Es gehört enorm viel Mut dazu, sich mit seinen Fragen, seinen Sehnsüchten und seinen Unzulänglichkeiten anderen zuzumuten. Die gewohnt vertraute Welt zu verlassen und sich auf das Leben einzulassen. Aber es zahlt sich aus. Sie übernehmen Verantwortung, führen Regie im eigenen Leben und vertrauen damit letztlich Gott, der es gut mit Ihnen meint.

WAS STEHT FÜR SIE AUF DEM SPIEL?

Das geht Film-Helden nicht anders. Denn in jedem Film muss sich der Held mutig einer zentralen Frage stellen: Was steht für ihn auf dem Spiel, wenn er sich aus der Balance bringen lässt, wenn er dem Ruf des Lebens folgt? Was sind die Konsequenzen seines Handelns? Muss er, um mit seiner großen Liebe zusammen sein zu können, Frau und Kinder verlassen? Muss er auf dem Weg zu seinem Ziel fünf Erzfeinde erschießen und damit riskieren, vom Jäger zum Gejagten zu werden? Das ist übrigens nicht nur im Film, sondern auch im ganz normalen Leben so. Wer sich fragt, ob er sein Studium abbricht, weil dieser Weg doch nicht der richtige ist, wird sich sicher auch überlegen, mit welchen Konsequenzen er dann zu rechnen hat: Was sagen die Eltern? Was die Kommilitonen? Wie sieht es mit den Chancen auf dem Arbeitsmarkt aus mit einem abgebrochenen Studium?

Die große Frage dahinter lautet letztendlich: Werde ich mein Ziel erreichen? Kriege ich das hin? Oder bleibe ich lieber auf sicherem Terrain und arrangiere mich mit dem, was ich schon kenne? Ergebe ich mich lieber dem bekannten Unglück, als mich auf den Weg zu machen und das unbekannte Glück zu suchen? Heutzutage ist alles Mögliche machbar. Es gibt so viele Optionen: für oder gegen eine bestimmte Ausbildung, für oder gegen einen bestimmten Partner, Arbeitgeber oder was auch immer. Egal, wofür man sich entscheidet, immer schwingt die Angst mit, sich für das Falsche entschieden zu haben, denn etwas ganz anderes wäre theoretisch ja auch in Frage gekommen und hätte möglicherweise glücklicher gemacht. Diese Angst lähmt und frisst Energien. So verharren viele Menschen in einer Art Lähmung. Vor lauter Angst, eine falsche Entschei-

WERDE ICH
MEIN ZIEL ERREICHEN?
KRIEGE ICH DAS HIN?

dung zu treffen, treffen sie lieber gar keine. Und geben so ihrer Sehnsucht keine Chance.

Welche zentralen Fragen sich in einem Leben stellen, wird oft nur langsam klar. Das ist in einem Film genauso. Christopher Vogler schreibt: „In vielen Geschichten geht es um Geheimnisse, die nur quälend langsam gelüftet werden, Schicht um Schicht werden die schützenden Hüllen um das schmerzhafte Geheimnis entfernt."

Auch Evan, der Waisenjunge aus „Der Klang des Herzens" weiß am Anfang des Films noch nicht, was sein Geheimnis ist. Er hat eine Ahnung davon und ein Gespür dafür, aber er kennt es nicht – genauso wenig wie der Zuschauer. Tatsächlich ist es so, dass Evans Eltern, die Musiker Lyla und Luis, nie aufgehört haben, nach ihm zu suchen. Evans tiefe Überzeugung, dass seine Eltern durch die Musik den Weg zu ihm finden werden, stellt sich als wahr heraus. Als Evan sich entschließt, seiner Sehnsucht zu folgen und aus dem Waisenhaus flieht, stößt er die Entwicklung an, die ihn am Ende nicht nur seiner Bestimmung als Musiker zuführt, sondern die ihn auch mit seinen Eltern wiedervereint:

Evan steht auf einer großen Open-Air-Bühne im Central Park. Er trägt einen schwarzen Frack und hält einen Taktstock in der Hand. Der Wind rauscht durch die Blätter wie damals auf dem Feld hinter dem Waisenhaus. Ein Windspiel aus dem Orchester nimmt den Klang auf und führt ihn fort. Die Harfe imitiert die Bewegung der Halme auf dem Feld. Die Streicher setzen zart ein. Evan dirigiert und schließt dabei die Augen. Seine innere Musik ertönt nun für alle hörbar – und auch seine Eltern können sie hören. Evans Mutter Lyla hatte unmittelbar vor Evan ihren Auftritt und kehrt um, als sie die ersten Töne von Evans Stück hört. Luis fährt gerade zufällig am Rande des Central Parks vorbei und entdeckt auf den Konzertplakaten Lylas Namen; auch er hört Evans Musik. Beide laufen wie magisch angezogen zur Bühne. Dort begegnen sie sich, fassen sich an den Händen. Die Dramatik des Films kommt in diesem Moment zur Ruhe. Evan dreht sich um, schaut Lyla und Luis in die Augen und weiß sofort: Seine Eltern sind seiner Musik gefolgt. Sie sind da. Alles wird gut. Worte sind dazu nicht mehr nötig. Sie sind vereint. Als Letztes ist Evans Stimme zu hören: „Die Musik ist immer da. Man muss einfach nur zuhören."

MUT ZUM WEITERDENKEN

▼

Nehmen Sie Ihre Geschichte in die Hand
und schreiben Sie Ihre Gedanken auf:

Schauen Sie sich den Film an:

„DER KLANG DES HERZENS"

Was ist der Auslöser dafür, dass der Held
seine vertraute Umgebung verlässt?

•

Welche Wünsche, Bedürfnisse, Ziele
und Sehnsüchte haben Sie?

•

Welche Fantasien über Ihr Leben haben Sie?

•

Wie lautet das Thema Ihrer Geschichte?

•

KAPITEL 2

DER HELD IHRER GESCHICHTE

Sie haben Ihr Leben selbst in der Hand!

Auf den ersten Blick ist an Lars nichts Besonderes zu erkennen. Er trägt eine billige wattierte Steppjacke, eine altmodische Wollmütze und hat einen leicht verwilderten Bart. Auch sein Leben scheint erst einmal ganz normal zu sein: Er arbeitet im Großraumbüro einer Computerfirma. Dass ein Kollege immer viel zu laut Musik hört, stört ihn zwar, aber er wehrt sich nicht dagegen. Morgens, wenn die Kollegen ins Büro kommen und ihm freundlich einen guten Morgen wünschen, antwortet er jedoch nicht. Lars hat keine Lust auf Sozialkontakte. Seit dem Tod seiner Eltern wohnt er in deren Garage. Im Haus selbst leben sein Bruder und dessen Frau. Die Einladungen seiner Schwägerin, doch einmal zum Essen ins Haus zu kommen, lehnt Lars kategorisch ab. Das ist ihm alles zu viel – solche Einladungen verursachen ihm nur Übelkeit.

Sehnsüchte hat er dennoch. Eines Tages hört er seine Kollegen darüber reden, dass man im Internet Frauen bestellen könne – die seien aufblasbar und man könne alles mit ihnen machen, was man wolle. Lars bestellt sich eine solche Frau. Ein paar Tage später ruft ihn seine Schwägerin an seinem Arbeitsplatz an, ein großes Paket sei für ihn gekommen, wo sie es hinstellen solle? Lars fährt sofort nach Hause, obwohl es noch mitten am Vormittag ist. Er putzt sich die Zähne und legt die schönste Kleidung an, die er hat, bevor er die Kiste auspackt. Abends klingelt er bei seinem Bruder an der Haustür. „Ich habe Besuch!", sagt er, als seine Schwägerin ihm die Tür öffnet. Sie sieht ihren sonst so ungepflegten Schwager in ungewohnt herausgeputzter Manier vor sich stehen, und nachdem sie die erste Überraschung und Verwunderung abgelegt hat, sagt sie: „Das ist ja toll!" Lars ergänzt: „Sie ist nicht von hier." Die Schwägerin fragt nach: „Wo habt ihr euch denn kennengelernt?" Er antwortet: „Im Internet. Dürfen wir heute Abend zum Essen kommen?"
Ein Held: Wir stellen ihn uns stark und schön, tapfer und furchtlos vor, beseelt von einem unbezwingbaren Willen und mit eiserner Selbstdisziplin. Oder was auch immer uns an positiven Dingen einfällt, die einen Helden in unseren Augen auszeichnen mögen.

Lars ist jedenfalls auf den ersten Blick das genaue Gegenteil eines Helden: Er hat den Tod seiner Eltern nicht verkraftet, ist beziehungsgestört, hat nichts von dem erreicht, was als Zeichen eines gelungenen und erfolgreichen Lebens gilt.

Deutscher Titel: Lars und die Frauen
Originaltitel: Lars and the Real Girl
Erscheinungsjahr: 2007
Regie: Craig Gillespie
Verleih: Central Filmverleih

Auch wir selbst empfinden uns oft als wenig geeignet, eine Heldenrolle einzunehmen: zu viele Fehler, zu viele Ängste, zu viel Versagen – niemand urteilt so hart über uns wie wir selbst. Weil uns vermeintlich so viel fehlt – körperliche Stärke, Charisma, Charme, handwerkliches Geschick, was auch immer –, identifizieren wir uns so gerne mit Rollenvorbildern in Filmen, Büchern und Geschichten, die genau diese Eigenschaften haben. Oder wir nehmen diese Rollen etwa in Computerspielen direkt ein, was viele Menschen ja leidenschaftlich gerne tun.

KONFLIKTE?
PROBLEME?
ICH DOCH NICHT!

Das Verrückte ist: Je mehr Konflikte ein Held in einem Film hat, desto mehr Faszination übt er auf uns aus – so wie Lars im Film „Lars und die Frauen". Im realen Leben ist das jedoch überhaupt nicht so – im Gegenteil. Wir sind eine Convenience-Gesellschaft geworden. Keiner will Konflikte, Probleme oder Herausforderungen, sondern lieber alles mundgerecht und unkompliziert verabreicht bekommen. Unsere Kultur versucht, das Leben so einfach wie möglich zu gestalten. Das führt zwangsläufig dazu, dass wir unsere Konflikte – innere und äußere, mit uns selbst, unserem Partner, den Kindern, der Familie, den Kollegen, der Gesellschaft – einfach ausblenden. Sie verdrängen und nicht wahrhaben wollen.

Die Heldenrolle in seinem eigenen Leben zu übernehmen, heißt jedoch, ganz bewusst „Ja" zu den eigenen Unfähigkeiten, Konflikten und Lebensthemen zu sagen, sie konkret anzuschauen und aufzuarbeiten, all diese Herausforderungen wirklich anzunehmen – auch wenn sich die Angst vor Ablehnung durch andere so hoch wie eine Hauswand vor uns auftürmt.

Nur, wer das tut, wer sich selbst als zentrale Person, als Helden seiner eigenen Lebensgeschichte begreift, erlebt, dass nur er allein die Fäden in der Hand hält. Vielen Menschen ist das nicht bewusst. Sie erleben sich als dem Schicksal ausgeliefert und ohnmächtig, dabei haben ausschließlich sie selbst die Verantwortung für ihr eigenes Leben, aber auch für die Menschen in ihrem Umfeld. Diese Verantwortung beginnt übrigens schon mit den Worten, die Sie sprechen: Worte haben große Macht, sie können wie ein Segen wirken und

Gutes ins Leben bringen, aber auch zerstörerische Kraft entfalten und Menschen für immer belasten. Kürzlich hat mir ein Bekannter erzählt, dass er in einer Therapiestunde von einem Psychologen gefragt worden sei, ob er ein Lieblingsmärchen habe und wenn ja welches. Mein Bekannter antwortete auf diese Frage: „Ja, ich habe ein Lieblingsmärchen: ‚Hans im Glück'." Sie erinnern sich vielleicht: Es ist die Geschichte von Hans, der als Lohn für sieben Jahre Arbeit einen kopfgroßen Klumpen Gold erhält und diesen gegen ein Pferd eintauscht, dieses gegen eine Kuh, die gegen ein Schwein, das gegen eine Gans und diese wiederum gegen einen Schleifstein mit einem einfachen Feldstein. Diese Tauschgeschäfte macht er, weil er sich jedes Mal davon überzeugen lässt, es seien gute Geschäfte. Und er empfindet es auch so – schließlich fällt ihm sein Heimweg umso leichter, je weniger er tragen muss. Am Ende fallen ihm die beiden schweren Steine beim Trinken in einen Brunnen. Er fühlt sich endgültig von einer schweren Last befreit und geht glücklich nach Hause zu seiner Mutter.

Was meinen Bekannten völlig vor den Kopf stieß, war die Reaktion des Psychologen, als er das Märchen nannte. Dieser sagte nämlich: „Ich habe den Eindruck, dass Sie bis zum Ende Ihres Lebens kein Glück mehr haben werden." Für meinen Bekannten waren diese Worte wie ein Fluch – und er habe sehr lange gebraucht, so erzählte er mir, bis er sich davon wieder befreien konnte und nicht in jeder Situation, die sich für ihn nachteilig oder unangenehm entwickelte, als erstes daran dachte und sich dabei immer sagte: „Aha. Der Psychologe hat also doch recht gehabt. Ich habe wirklich kein Glück im Leben." Als er mir das erzählt hatte, war ich fassungslos. Wie kam dieser Psychologe auf die Idee, seinen Patienten derartig abzuwerten? Zu einem Kind würde er so etwas sicher nie sagen – wir alle wissen, welche verheerenden Wirkungen gesprochene Worte haben können. Aber diese Worte an einen Erwachsenen zu richten, sollte in Ordnung sein? Ich fand das wenig heldenhaft, um hier mal im Bild zu bleiben.

Dass mein Bekannter es dennoch geschafft hat, sich von diesem „Fluch" wieder zu befreien, liegt an seinen eigenen heldenhaften Zügen, ganz besonders an seiner Fähigkeit, sich in entscheidenden Momenten für die „richtige" Seite zu entscheiden. In unserer Persönlichkeit vereinigen wir ganz unterschiedliche Eigenschaften, die sehr gegensätzlich sein können. Auf der einen Seite vertrauen wir, auf der anderen Seite spüren wir starkes Misstrauen. Wir erleben Momente voller Hoffnung, dann wieder spüren wir bodenlose Verzweiflung. In diesen Momenten ist es wichtig, ganz bewusst zu entscheiden, welcher Seite wir die Oberhand geben. Wollen wir auf Misstrauen und Verzweiflung bauen oder doch lieber auf Vertrauen und Hoffnung? Wollen wir beispielsweise an uns und das Gelingen einer neuen Beziehung glauben? Oder geben wir lieber gleich auf, um uns die Enttäuschung zu ersparen, die ganz bestimmt am Ende auf uns wartet? Als mein Bekannter irgendwann entschied, sich von dem „Fluch" des Psychologen nicht mehr beeindrucken zu lassen und stattdessen auf seine eigene Urteilskraft und an seinen eigenen Glauben an das Gute zu setzen, wurde er der Held seines eigenen Lebens.

Und noch etwas ist wichtig, damit wir die Heldenrolle in unserem Leben übernehmen können: unsere Entwicklungsfähigkeit. Damit wir sie leben und entfalten können, müssen wir auch hier zuerst eine Entscheidung treffen. Wie sehr sind wir bereit, unsere eigenen Charakterzüge, unsere Persönlichkeitsmerkmale, unsere Stärken zu ergründen und weiterzuentwickeln, sprich: uns zu verändern? Zugegeben, in jüngeren Jahren ist das deutlich einfacher. Eine Faustregel besagt, dass man zu einer Veränderung seines Verhaltens die Hälfte seiner Lebenszeit in Monaten benötigt. Ein 24-Jähriger braucht also 12 Monate, um sein Verhalten dauerhaft zu verändern: ein 50-Jähriger entsprechend zwei Jahre. Dass diese Faustregel stimmt, erfahre ich immer wieder am eigenen Leib. Noch vor wenigen Jahren gehörte ich zu den Menschen, die laufend unter Rückenschmerzen litten. Irgendwann empfahl mir mein Physiotherapeut, dass ich in ein Fitnessstudio gehen und gezielt Gerätetraining machen sollte, um meine Rückenmuskulatur aufzubauen. Obwohl es mir half und es mir nach dem Training jeweils besser ging, dauerte es viele Monate, bis ich mich dazu aufraffen konnte, regelmäßig wenigstens einmal pro Woche zu trainieren. Das Wissen, dass mir das Training half, reichte dazu nicht aus, diese Routine in meinem Leben zu verankern. Es musste mir schon richtig schlecht gehen, damit ich ins Studio ging. Aber irgendwann, nach einigen Monaten, hatte ich mich schließlich daran gewöhnt. Heute denke ich überhaupt nicht mehr darüber nach, sondern gehe einfach ins Fitnessstudio.

Wer grundsätzlich bereit ist, sich auf seine eigene Entwicklung einzulassen und sich zu verändern, dem fällt es leichter, mit bestimmten Umständen umzugehen, die jedes Leben mit sich bringt: Veränderung findet immer und überall statt. Leben bedeutet grundsätzlich Veränderung. Die Arbeitssituation verändert sich, das familiäre Umfeld, Freunde und Nachbarn ziehen weg – ein permanenter Wechsel gehört zum Standardprogramm eines ganz normalen Lebens.

Einer meiner ganz persönlichen Helden in Sachen Entwicklung und Anpassungsfähigkeit ist mein Neffe. Schon als kleiner Junge träumte er davon, Polizist zu werden. Als er dann in die Pubertät kam, konkretisierten sich diese Wünsche: Zur GSG 9 wollte er, zur Antiterroreinheit der Bundespolizei. Diese starke Gemeinschaft, die immer dann auf den Plan gerufen wird, wenn es hart auf hart kommt – zu der wollte er gehören. Wenn ich so recht darüber nachdenke, war mein Neffe damals ganz ähnlich gestrickt wie der Filmheld Lars: Auch er hatte wenig Sozialkontakte und war ein echter Eigenbrötler. Als er jedoch merkte, wie hart die Anforderungen waren, um überhaupt für die Ausbildung als Polizist zugelassen zu werden, war er in der Lage, sich weiterzuentwickeln und seine Pläne den Gegebenheiten anzupassen. Heute arbeitet er übrigens als Rettungssanitäter – und hat so einen anderen Weg gefunden, der Gemeinschaft Gutes zu tun und seine Heldenrolle auszufüllen.

TREFFEN SIE DIE ENTSCHEIDUNGEN IN IHREM LEBEN SELBST?

Lassen Sie uns wieder nach Hollywood zurückgehen. Ich weiß nicht, was Ihre Gedanken sind, wenn Sie sich Filme anschauen. Ich frage mich dabei immer wieder: Worum geht es eigentlich? Wer ist der Held in der Geschichte, die ich gerade erzählt bekomme? In meinem Drehbuchseminar habe ich gelernt, dass der Held derjenige ist, der die Entwicklung der Geschichte maßgeblich beeinflussen kann. Sein Wille, seine Entscheidungen treiben die Geschichte voran. In vielen Filmen gibt es Figuren, die so interessant, schillernd und bunt sind, dass man sofort denkt: „Ah ja, klar, das ist die Hauptfigur und damit der Held!" Bei näherer Betrachtung stellt sich dann aber heraus, dass diese Figuren eben nur Staffage sind, weil sie keine Entscheidungen treffen. Nur der Held trifft sie – und das kann auch ein auf den ersten Blick etwas gewöhnungsbedürftiger Typ sein wie Lars aus dem Film „Lars und die Frauen". Es kann sich auch erst zu einem späteren Zeitpunkt des Films herausstellen, wer tatsächlich der Held ist. Aber irgendwann merkt man als Zuschauer, dass man mit dem, der die Entscheidungen trifft, automatisch mitfiebert. Ihm geben wir die größte Aufmerksamkeit. Bringt er den Bösewicht zur Strecke? Schafft er es, gut von der Reise zurückzukommen? Kann er den Zug noch aufhalten, bevor dieser in die Tiefe stürzt? Das sind die entscheidenden Fragen, die man sich als Zuschauer stellt, wenn man einen Film anschaut.

Als ich mein eigenes Leben betrachtet und mich gefragt habe, ob ich die Heldenrolle darin schon übernommen habe, waren diese Überlegungen durchaus hilfreich für mich: Treffe ich die wichtigen Entscheidungen in meinem Leben selbst? Oder lasse ich andere für mich entscheiden? Wer trifft in meinem Leben die zentralen Entscheidungen? Und was hält mich davon ab, selbst über das zu entscheiden, was für mich wichtig ist?

Ich hatte einmal einen Freund, den ich eines Tages fragte, ob er nicht auch ein Seminar besuchen wolle, das mir persönlich sehr geholfen hatte. Es ging dabei um kreative Lebensplanung und darum, den roten Faden in seinem Leben zu finden. „Da möchte ich erst meinen Pfarrer fragen", lautete die Antwort meines Freundes. Ich staunte nicht schlecht. Und lernte an diesem Tag, dass es nicht nur Söhne gibt, die selbst in erwachsenem Alter noch ihre Mutter fragen, wie sie sich entscheiden sollen, sondern auch gestandene Männer, die sich erst mit ihrem Pfarrer beraten müssen, wenn es darum geht, ob sie ein bestimmtes Seminar besuchen sollen oder nicht. Der Pfarrer antwortete übrigens: „Ich glaube nicht, dass du dieses Seminar brauchst." Und mein Freund kam dann auch nicht.

Wer also der Held seiner eigenen Geschichte, seines eigenen Lebens werden will, sollte seine Entscheidungen selbst treffen – im Kleinen wie im Großen. Ganz egal, worum es geht. Sonst wird das nichts. Helden im Film sind zwar deshalb Helden, weil sie Hindernisse überwinden, Ziele erreichen, die sie sich gesteckt haben, klüger werden, weil sie nachforschen. Dem voraus gingen jedoch immer Entscheidungen, die sie getroffen haben.

Manchmal bedarf es aber auch eines Schlüsselerlebnisses, damit wir tatsächlich begreifen: Wir selbst sind die zentralen Akteure unseres Lebens. Und niemand sonst. Auch Jona geht das so – dem Protagonisten aus der biblischen Geschichte. Sein Auftrag ist es, nach Ninive zu gehen und den Menschen dort zu verkünden, dass ein Strafgericht Gottes auf sie zukommt. Jona macht sich jedoch per Schiff genau in die entgegengesetzte Richtung auf den Weg. Gott entfesselt daraufhin einen großen Sturm, der das Schiff in Seenot bringt. Jona wird als Verantwortlicher entlarvt, von der Besatzung ins Meer geworfen und dort von einem großen Fisch verschluckt. Der spuckt ihn allerdings nach drei Tagen und Nächten wieder aus – Gott hat Jonas Gebete im Bauch des Fisches erhört. Dieses Erlebnis verändert Jona so, dass er sich endlich auf den Weg macht und seine Botschaft überbringt. Erst danach hat er begriffen, dass nur er sein Geschick in die Hand nehmen kann. Niemand sonst.

Das heißt im Umkehrschluss jedoch nicht, dass man in jeder Situation im Leben, in der es um wichtige Entscheidungen geht, blindlings in irgendeine Richtung rennen sollte, nur damit etwas entschieden ist und die Dinge ihren Lauf nehmen. Für mich spielt dabei das Gebet eine wichtige Rolle. Vor großen Entscheidungen will ich ruhig werden, damit ich überlegt handeln kann. Und diese Ruhe finde ich im Gespräch mit meinem Schöpfer. Aber auch im Dialog mit Freunden. Wer vor Entscheidungen konkret Hilfe sucht, verhält sich nicht entscheidungsschwach, sondern mündig und ist sich seiner Verantwortung bewusst. Schließlich müssen wir die Konsequenzen unserer Handlungen auch selbst tragen, da heißt es einen kühlen Kopf zu bewahren. Wir sind erst dann erwachsen, wenn wir für alle unsere Entscheidungen auch selbst geradestehen.

EIN HELD GEHT DURCHS FEUER!

Noch etwas gehört dazu, um die Heldenrolle in seinem eigenen Leben zu übernehmen. Was das ist, kann man auch in den großen guten Geschichten lesen und sehen: Es ist die Opferbereitschaft. In Filmen und Büchern macht sich diese Opferbereitschaft oft am Motiv des Todes fest. Wie geht der Held mit dem Tod um? Der Tod steht als Symbol dafür, dass der Held bereit ist, für sein Ziel die größten Gefahren in Kauf zu nehmen. Um die Prinzessin zu retten, geht der

SIND WIR BEREIT, OPFER ZU BRINGEN, UM UNSERE ZIELE ZU ERREICHEN?

Held durchs Feuer. Und genau das gehört auch für mich dazu, Held des eigenen Lebens zu werden. Sind wir bereit, Opfer zu bringen, um unsere Ziele zu erreichen? Welchen Preis sind wir bereit zu bezahlen? Welche unerfüllten Träume opfern wir, damit wir dieses eine Ziel erreichen können, das uns so wichtig ist?

Auch im Film „Restless" zeigt der Tod die Opferbereitschaft des Helden – genauer: An dessen Haltung zum Tod seiner Geliebten können wir sehen, welch großes Opfer er zu bringen bereit ist, und wie sehr er seine eigenen Verletzungen unterordnen kann, um damit seiner Geliebten beizustehen. Der Film handelt von Enoch und Annabel, die sich auf einer Beerdigung kennenlernen. Die beiden erkennen sich sofort als Außenseiter und verlieben sich ineinander. Beide haben ein großes Geheimnis, das sie sich erst nach und nach eingestehen: Enoch hat seine Eltern durch einen Unfall verloren, Annabel ist unheilbar krebskrank. Obwohl die Nachricht von Annabels Erkrankung Enoch bis ins Mark trifft, bricht er die Beziehung zu Annabel nicht ab, sondern steht ihr bis zu ihrem Tod bei. Er setzt sich erstmals mit dem Tod seiner Eltern auseinander und mit seinen eigenen Todesängsten – keines dieser Opfer ist ihm zu groß. Für Annabel da zu sein, ist ihm wichtiger als seine eigenen Verletzungen. Von Helden wie Enoch können wir lernen, wie man mit der eigenen Opferbereitschaft umgeht – mehr noch: mit der großen Angst vor dem eigenen Ende. Wer dies schafft, wird ein echter Held seines eigenen Lebens. Wer einmal dem Tod ins Auge gesehen hat, verliert die Angst vor ihm, der hat gleichsam in Drachenblut gebadet.

NEHMEN SIE IHR SCHICKSAL IN DIE HAND!

Denken Sie noch einmal an Lars, den wenig heldenhaften Helden aus „Lars und die Frauen" – er ist der klassische Anti-Held. Dieser ist jedoch nicht das Gegenteil eines Helden, sondern eher eine Spielart davon: jemand, der in den Augen der Gesellschaft zwar ein Außenseiter ist, mit dem das Publikum aber gleichwohl sympathisiert. Als ich in Christopher Voglers Buch „Die Odyssee des Drehbuchschreibers" das erste Mal von diesem Anti-Helden las, hatte ich ein Aha-Erlebnis – denn ich realisiere, dass in mir und in meiner Biografie ganz viel von einem Anti-Helden steckte. Vor allem in meiner frühen Biografie. Schon in meiner Pubertät, mit 15, 16 Jahren, interessierten mich kreative, künstlerische Dinge viel mehr als das, was in meiner Altersklasse als cool galt – Sport zum Beispiel. Das war definitiv nicht mein Ding. Ich hatte gerade eine Schülerzeitung gegründet, schrieb und bearbeitete Artikel, ging völlig darin auf, was interessierte mich da, was die anderen auf dem Sportplatz trieben? Dennoch verletzte es mich, wenn ich im Sportunterricht bei der Mannschaftszusammenstellung immer derjenige war, der übrig blieb, weil ihn keiner in seiner Mannschaft haben wollte.

Christopher Vogler brachte mich darauf, dass genau solche Figuren, wie ich damals eine war, nicht einfach unsportlich oder Versager sind, sondern eben Anti-Helden – zumindest in gewissen Bereichen. Im Bereich der Schülerzeitung war ich ein Held, da konnte ich auch entsprechende Entscheidungen treffen und aktiv agieren. Aber es gab eben auch einen anderen Bereich, in dem ich sehr verletzlich war und mich als Außensei-

ter fühlte – dazu trug mein Äußeres ebenso bei. Ich war rothaarig und hatte Sommersprossen, das entsprach nicht gerade dem gängigen Ideal. Vogler schreibt, dass Charaktere dieses Schlages häufig am Ende den Sieg davontragen und noch häufiger über die ganze Dauer des Films hinweg die Sympathie des Publikums genießen, auch wenn sie in den Augen der Gesellschaft Ausgestoßene sind. Ich kann mir vorstellen, dass es unter Ihnen etliche gibt, die ganz ähnliche Erfahrungen gemacht haben. Für alle, die sich in der Rolle des Anti-Helden befinden, ist es wichtig zu begreifen, dass auch sie ihre Zukunft in der Hand haben und dass sie selbst die Entscheidungen treffen, wie es mit Ausbildung, Berufswahl, Berufsleben und Partnerschaft weitergeht. Das bedeutet: Selbst wenn man keine „Heldenfaktoren" aufweist, ist man einer!

Eine halbe Stunde nach dem ersten Klingeln an der Haustür seines Bruders steht Lars wieder davor – dieses Mal hat er seine neue Puppe dabei. Seinem Bruder und seiner Schwägerin bleibt vor Überraschung der Mund offen stehen. Noch mehr verblüfft sie jedoch Lars' Erklärung, dass seine neue Freundin Bianca ein sehr religiöser Mensch und obendrein sehr schüchtern sei. Sie beiden wollten keinen Sex vor der Ehe haben. Von Beruf sei Bianca Missionarin. Ob sie im Gästezimmer übernachten dürfe? Und Kleidung von seiner Schwägerin haben könne? Immer noch sprachlos servieren Lars' Bruder und seine Frau das Essen – Essen und Sprechen übernimmt Lars für seine Gefährtin. Während sie den Nachtisch aus der Küche holen, zischt Lars' Bruder seiner Frau zu „Mein kleiner Bruder ist verrückt, er ist verrückt! Wir müssen ihn in die Klinik bringen!" In meinen Augen ist Lars nicht verrückt, sondern ein echter Held. Er hat sein Schicksal in die Hand genommen. Mit der Ankunft eines Paketes erfährt sein Leben eine Wendung um 180 Grad. Was daraus am Ende wird, ahnt er selbst noch nicht. Aber er hat einen Sog in Bewegung gesetzt, auf dessen Dynamik sich einzulassen er bereit ist. Deshalb ist er der Held seines eigenen Lebens.

MUT ZUM WEITERDENKEN

▼

Nehmen Sie Ihre Geschichte in die Hand
und schreiben Sie Ihre Gedanken auf:

Schauen Sie sich den Film an:

„LARS UND DIE FRAUEN"

Durch welche Entscheidungen
wird Lars zum Helden?

•

Was ist in Ihrem Leben das eine große Ziel,
für das es sich lohnt, Opfer zu bringen?

•

Falls Sie sich eher mit dem
Anti-Helden identifizieren:
Vor welcher Entscheidung haben Sie
momentan die größte Angst?

•

KAPITEL 3:
RUF DES ABENTEUERS
Folgen Sie dem Ruf!

Es ist ein trüber Januartag des Jahres 1959. Durch Lansquenet-sous-Tannes weht ein eiskalter Wind, als Vianne und ihre Tochter Anouk dort ankommen, um in dem kleinen französischen Provinzstädtchen zu leben. Vianne ist von ihrer mexikanischen Mutter in die Geheimnisse der Schokoladenzubereitung eingeweiht worden und eröffnet – sehr zum Missfallen des bigotten Bürgermeisters – mitten in der Fastenzeit eine Chocolaterie in dem kleinen Ort.

Deutscher Titel: Chocolat – Ein kleiner Biss genügt
Originaltitel: Chocolat
Erscheinungsjahr: 2000
Regie: Lasse Hallström
Verleih: Senator Filmverleih Gmbh

Ein paar Tage nach deren Eröffnung kommt Anouk, Viannes Tochter, in den Laden gestürmt und ruft „Mama, sie sind da! Piraten!" Vianne geht mit Anouk an den Fluss. Dort liegt das Schiff der „Piraten" vor Anker. An Land haben sie ein Lagerfeuer entfacht, einer der Männer spielt Gitarre. „Wir sind die Flussratten, der Dreck der Gesellschaft", sagt der Gitarrenspieler zu Vianne. „Wollen Sie uns retten?" Er holt eine große alte Öltonne voll mit Souvenirs und fragt Vianne: „Wollen Sie meine Schatztruhe sehen? Es sind irische Kostbarkeiten darin. Eine kostet 30 Francs!" Auf einmal erscheint der Bürgermeister am Rande der Szenerie und beäugt sie misstrauisch. Vianne spürt den missbilligenden Blick des Bürgermeisters und sagt, davon provoziert, zu dem Gitarrenspieler: „Ich nehme gleich zwei davon!" „Ich muss Sie warnen – wenn Sie sich mit uns anfreunden, machen Sie sich andere zu Feinden!" „Ist das ein Versprechen?"

EINE GROSSE EINLADUNG

Es ist der Ruf des Abenteuers, den Vianne hier so deutlich vernimmt und ihm folgt. Indem sie banale Souvenirs zu einem völlig überteuerten Preis kauft, wirft sie sich mitten hinein in dieses Abenteuer. Sie riskiert viel – nicht nur ihre soziale Stellung, die sowieso schon wackelt. Indem sie sich später in den Gitarrenspieler verliebt, konfrontiert sie sich ebenso wieder mit ihrer Angst vor Beziehung und vor Sesshaftigkeit. Sie spielt mit dem Feuer.

Der Ruf des Abenteuers ist ein festes Element der Heldenreise und damit des Modells, das weltweit als Gerüst für Drehbücher dient. Ob es nun Jack ist, der beim Pokern eine Fahrkarte für die Jungfernfahrt der Titanic gewinnt, ob Frodo, der nach der Entscheidung des Rates von Elrond zu seiner Reise zum Schicksalsberg aufbricht, oder James Bond, der sich nach einem Anruf des MI 6 in einen neuen Fall stürzt – alle Figuren vernehmen den Ruf des Abenteuers und folgen ihm. Erst damit kommt die Geschichte in Gang, die der Film erzählt.

Auch im ganz normalen Leben sieht dieser Ruf des Abenteuers immer wieder anders aus – je nachdem, welches „Drehbuch" jemand lebt – ob Drama, Liebesgeschichte, Roadmovie oder Heimatfilm. Mal zeigt sich dieser Ruf durch ein Plakat in einem Reisebüro – plötzlich, auf dem Weg von hier nach da, sehe ich eine großformatige Abbildung der Copacabana und weiß: „Da muss ich hin!" –, mal in einem Buch, das mir die Augen für bestimmte Dinge öffnet und mich inspiriert. Auch dramatische Ereignisse können Auslöser sein. Eine SMS: „Ruf mich sofort an!" Ein schlimmer Befund nach einer Routineuntersuchung. Die Nachricht vom Tod eines Freundes. Danach ist nichts mehr, wie es vorher war.

Auch ich habe den Ruf des Abenteuers schon oft vernommen – zu ganz unterschiedlichen Zeitpunkten in meinem Leben. Einmal war es ein Zeitungsartikel in einer Wochenzeitschrift, der mich verlockt hat. Ein bekannter Journalist, Christian Graf Krockow, hatte ihn geschrieben. Er war mit seinem Sohn auf einer Weltreise und veröffentlichte in einer wöchentlichen Kolumne seine Funksprüche. Völlig gebannt verfolgte ich von da an Woche um Woche, was er schrieb, und tauchte in eine geheimnisvolle und spannende Welt ein. So etwas wollte ich auch erleben!

Aber ebenso unweigerlich wie der Ruf des Abenteuers ist auch die Tatsache, dass der Held dem Ruf zunächst nicht folgt. Er tritt auf der Stelle, spürt Widerstände in sich, moralische Einwände, die aus seinem eigenen oder dem gesellschaftlichen Wertesystem resultieren. Das war bei mir kein Haar anders. Bis ich es wagte, dem Abenteuer Weltreise zu folgen, dauerte es Jahre. Aber diese wöchentlichen Artikel hatten mich angelockt, sie waren mir direkt ins Herz gegangen.

Manche Menschen haben jedoch keine Chance, sich dem Ruf des Abenteuers zu entziehen. Sie müssen handeln. Eine Freundin meiner Frau, eine Biologin, war gerade nach einer sehr langen und komplizierten Anreise an ihrem Forschungs-

ort irgendwo in den Tiefen des venezolanischen Dschungels angekommen, als sie die Nachricht erhielt, dass ihre Mutter im Sterben lag. Sie brach sofort auf, folgte diesem Ruf und machte sich auf den Rückweg – der weniger ein Weg als vielmehr eine Verkettung aberwitziger Umstände und Geschehnisse war, Verfolgung durch ein Krokodil inklusive!

Ob freiwillig oder unfreiwillig, jeder Ruf des Abenteuers ist neben allen schrecklichen Anlässen oder Auswirkungen, die er natürlich immer haben kann, vor allem eins: eine große Einladung, sich auf die eigene Heldenreise einzulassen und unbekanntes Land zu erobern. Vianne aus dem Film „Chocolat" macht das ganz aktiv, und zwar in dem Moment, in dem sie sich entscheidet, die beiden Souvenirs aus der Schatztonne zu einem völlig überteuerten Preis zu kaufen. Sie spürt, dass es um viel mehr geht als um 60 Francs, dass ihre gesamte Reputation und Existenz auf dem Spiel stehen. Sie weiß auch, dass sie überhaupt nicht einschätzen kann, welchen Preis sie am Ende tatsächlich bezahlen wird, aber … sie tut es. Sie kann den Verlockungen und dem Ruf des Abenteuers nicht widerstehen.

DIE ANGST ZEIGT DEN WEG

Manchmal werden wir auch von anderen ermuntert, dem Ruf des Abenteuers zu folgen. „Mensch, mach' das, das ist doch genau dein Ding!" Haben Sie diesen Satz schon einmal gehört, ausgesprochen und an Sie gerichtet von einem Menschen, der es gut mit Ihnen meint? Dann war dieser Mensch sicherlich Ihr Herold. Ein Herold war im Mittelalter offizieller Bote eines Lehnsherren – also eine frühe Form eines heutigen Diplomaten. Er gehört als feste Figur übrigens ebenso in die

Handlung eines Films wie der Held selbst – und ist meistens die Gestalt, die die Nachricht überbringt, die den Ruf des Abenteuers darstellt.

Im echten Leben kann der Herold auch eine Figur in einem Traum sein. Oder ein Buch beziehungsweise sein Autor. Für den Ruf des Abenteuers, dieses Buch hier zu schreiben, das Sie gerade lesen, übernahm Donald Miller die Rolle des Herolds. Der amerikanische Bestsellerautor hat neben vielen anderen zwei sehr bekannte Bücher geschrieben: „Blue Like Jazz" und „Eine Million Meilen in tausend Jahren". In Letzterem erzählt Donald Miller, was geschieht, als eines Tages zwei Hollywood-Regisseure mit ihm Kontakt aufnehmen, weil sie seinen Bestseller „Blue Like Jazz" verfilmen wollen. Miller muss ziemlich schnell lernen, dass Filme nach ganz anderen Mustern funktionieren als Bücher. Dass es Regeln gibt, die ein Drehbuchautor befolgt, wenn er eine gute Geschichte erzählen will. Sie ahnen es schon: Es sind die Regeln – oder sagen wir besser Stationen – der Heldenreise, die die beiden Regisseure dem Autor da näherbringen.

Während sich Donald Miller mit diesen Regeln beschäftigt, reflektiert er sein eigenes Leben und zieht Parallelen zur Heldenreise. Mehr noch: Er verändert sein Leben nach und nach und übernimmt die Heldenrolle darin. Er nimmt es in die Hand. Er bringt Gutes in die Welt. Er verändert

sich zum Positiven. Er lernt, er kämpft, er verliert, er rappelt sich wieder auf und kämpft weiter. Er erobert eine Frau. Er sucht seinen Vater. Er gründet ein Mentoring-Projekt. Kurz: Er lässt die Passivität hinter sich, wird aktiv und trifft seine eigenen Entscheidungen. Er hört den Ruf des Abenteuers und folgt ihm mehr als einmal.

Dieses Buch hat in mir die Idee geboren, selbst über die Parallelen zwischen Filmdrehbüchern und dem Drehbuch des eigenen Lebens zu schreiben. Donald Miller war also mein Herold, er hat mich zu diesem Abenteuer gerufen.

Die Rolle eines Herolds können aber auch die Menschen übernehmen, die uns nahestehen – besonders unsere Partner. Meine Frau hat mich schon sehr oft ermuntert, gewisse Dinge zu tun. Sehr intensiv erinnere ich mich zum Beispiel an einen Moment in der Kathedrale der Iona Community in Schottland. Wir waren beide sehr berührt von der besonderen Atmosphäre des heiligen Ortes – und ich fragte mich (und sie), warum nur so wenige Menschen diese Insel und die Community kannten. Ilona ermutigte mich dann, einen Film darüber zu drehen, und so den Geist dieses Ortes zu verbreiten. „Meine Reise zum Leben" heißt der Film, der daraufhin entstand, und er wurde als „Bester Dokumentarfilm" im Bereich „Ethik & Religion" des World Media Festival 2010 ausgezeichnet. Dieser Film markierte gleichzeitig auch den Start für meine internationale Filmarbeit – die ich seither intensiv betreibe. Die Idee zu meiner Weltreise hat Ilona übrigens zunächst nicht unterstützt. Sie fand, ich sei viel zu jung, um mit einem Kreuzfahrtschiff um die Welt zu reisen. Hier war ein Freund mein Herold – er machte mir Mut, meinen Traum nicht aufzugeben, auf der „Amadea" um die Welt zu fahren und von unterwegs per Podcast zu berichten.

Dass es manchmal etwas länger dauert, bis ein Held dem Ruf des Abenteuers folgt, ist Christopher Vogler, dem amerikanischen Drehbuchex-

perten, kein unbekanntes Phänomen. Er schreibt: „An widerstrebende Helden muss der Ruf mehrmals ergehen, da sie sich ihrer Verantwortung zu entziehen versuchen." Denken Sie nur an Jona aus Ninive, von dem ich Ihnen im letzten Kapitel erzählt habe. Auch er brauchte mehrere Rufe, bevor er seinen göttlichen Auftrag erfüllte. Sein Abenteuer macht aber auch deutlich, dass es sich bei den vielbeschworenen „einmaligen Chancen" meist um Hirngespinste handelt. Gott ruft weiterhin. Das Leben ruft weiterhin.

Mir stellt sich da die Frage: Welchen Rufen geht man nach und welchen nicht? Hinter welchem Ruf verbirgt sich ein echtes Abenteuer und was ist nur gut getarnte Alltäglichkeit? Für mich habe ich da einen klaren Leitfaden ausgemacht – die Angst. Sobald ich Angst vor etwas habe, weiß ich genau: Dahinter steckt das Feuer des echten Abenteuers. Wenn es darum geht, unentdecktes Land zu erforschen – im übertragenen wie im tatsächlichen Sinne –, sich Gefahren zu stellen, dann hat das immer etwas mit dem Feuer des Abenteuers zu tun.

Die Angst vor Veränderungen, vor Gefahren, vor Risiken ist etwas zutiefst Menschliches. Ich persönlich bin zwar sehr initiativ und immer für neue Ideen und Projekte zu haben, aber ich brauche auch Stabilität und Sicherheit. Die gewohnte Sicherheit zu verlassen, löst in mir Ängste aus. Aber diese Ängste helfen mir, Wichtiges von Unwichtigem zu unterscheiden. Das habe ich im Laufe meines Lebens gelernt. Und deshalb kann ich heute auch so überzeugt sagen: Je größer meine Angst, desto größer ist auch der Lockruf des Abenteuers.

Sobald ich an diesen Punkt komme, wo ich erkenne, hier habe ich so viel Angst, dass ich genau weiß, dies wird mein nächstes Abenteuer, das ich angehen will, geschehen normalerweise zwei Dinge: Zum einen stößt mich das Leben permanent auf das, was mich als Abenteuer so

lockt. Sie kennen das vielleicht: Sie haben den Entschluss gefasst, ein ganz bestimmtes Auto zu kaufen. Und plötzlich ist die Welt voll von diesen Autos. Sie sehen sie an jeder Ecke, überall auf den Straßen fahren sie herum, buchstäblich jeder Zweite scheint so ein Auto zu haben. Oder sie sind schwanger und sehen auf einmal viel mehr schwangere Frauen um sich herum als jemals zuvor. Der Schweizer Psychiater C. G. Jung hatte für dieses Phänomen einen Begriff: die Synchronizität. Damit meinte er relativ zeitnah aufeinander folgende Ereignisse, die nicht über eine Kausalbeziehung verknüpft sind, vom Beobachter jedoch als sinnhaft verbunden erlebt werden. Die Erklärung für dieses Phänomen ist relativ einfach: Weil unsere Aufmerksamkeit sich auf etwas richtet, haben wir eine viel stärkere Wahrnehmung dafür als sonst. Und deshalb sehen und spüren wir mehr davon, obwohl es nicht mehr oder weniger davon gibt als sonst auch. Diese Themenorientierung erlebe ich sehr stark. Kaum habe ich eine Idee aufgeschnappt und verspüre den Ruf des Abenteuers, treten auf einmal Menschen in mein Leben, die mir von ihren eigenen Erfahrungen mit genau diesem Abenteuer berichten, stolpere ich über Bücher oder Zeitungsartikel zum Thema. Mir eröffnet sich quasi ein ganz neuer Kosmos zu diesem Thema. Es kommt mir dann regelmäßig so vor, als ob ein System dahinter steckte und ich auf einmal eine Spur entdeckt hätte, der ich nur noch zu folgen bräuchte. Ich höre dann quasi eine innere Stimme, die mir sagt: „Hier ist etwas, dem du folgen musst! Mach dich am besten sofort auf den Weg!"

Was ich sehr stark wahrnehme, ist der große Drang, dieses verlockende Abenteuer mit anderen Menschen zu besprechen und gemeinsam mit ihnen zu prüfen. Dafür gibt es geeignete und weniger geeignete Personen. Der Herold wäre sicherlich der falsche. Besser passt hier der Mentor – mehr dazu lesen Sie im nächsten Kapitel.

Auch Vianne aus dem Film „Chocolat" hat eine solche Mentorin – es ist die ältere Dame, die ihr den Laden für die Chocolaterie vermietet und die später zu ihrer Verbündeten wird. Sie arbeitet mit in der Pralinenherstellung, wird so zu einem Teil der kleinen Gemeinschaft, und hilft Vianne, ihr Abenteuer zu bestehen – weil sie die Regeln des Dorfes kennt, die Herausforderungen, Grenzen, Tücken und Fallstricke der dörflichen Gesellschaft. Und sie macht Vianne tatsächlich Mut, sich auf ihr ganz persönliches Abenteuer einzulassen.

MUT ZUM WEITERDENKEN

▼

Nehmen Sie Ihre Geschichte in die Hand
und schreiben Sie Ihre Gedanken auf:

**Welche Filme fallen Ihnen ein,
die Sie besonders beeindruckt haben?
Wie hat der Held in diesem Film auf den
Ruf des Abenteuers reagiert?**

•

**Wo haben Sie selbst schon einmal den Ruf
des Abenteuers vernommen?**

•

**Was hindert Sie daran,
diesem Ruf zu folgen?**

•

KAPITEL 4:

DER MENTOR

Holen Sie sich die Hilfe,
die Sie brauchen!

Der zwölfjährige Waisenjunge Hugo wirft mit seinen blauen Augen einen scharfen Blick durch die Ziffern der Bahnhofsuhr von Montparnasse. Keiner der Menschen, die unten durch die Bahnhofshalle eilen, kann ihn auf dem Gerüst dahinter sehen. Er aber beobachtet den Besitzer des kleinen Spielzeugladens gegenüber – der alte Mann sitzt hinter dem Verkaufstisch und hält ein kleines Nickerchen. Vor ihm liegt eine Spielzeugmaus und noch ein ganzes Sammelsurium an anderen Dingen. Hugo wird wie magisch davon angezogen. Er klettert durch den Schacht nach unten. Langsam geht er auf den Laden zu, betritt ihn und schleicht sich lautlos an die Theke heran. Sanft streckt er die Hand aus, um nach der Maus zu greifen, doch auf einmal schlägt der Besitzer zu. Er packt Hugos Hand und schreit ihn an: „Erwische ich dich endlich, du kleiner Dieb! Los, leer deine Taschen aus!"

Hugos Gesicht wird rot. „Sie tun mir weh!", schreit er zurück. „Tu, was ich dir sage!" Die Stimme des Ladeninhabers wird immer lauter: „Leer deine Taschen aus!" Hugo tut, was der alte Mann fordert, und legt sein Taschentuch auf die Theke. Außerdem eine Unzahl von Federn und Schrauben – es sind alles Bestandteile von Taschenuhren. Der Ladenbesitzer schnauzt ihn an: „Wozu brauchst du das Zeug? Los, mach deine zweite Hosentasche auf! Ich will sehen, was du darin hast!" Hugo zögert, doch dann legt er das alte Notizbuch auf den Tisch, das er immer in seiner Hosentasche mit sich trägt. Der Spielzeughändler blättert durch die Seiten des kleinen Buchs und staunt: Darin findet er viele technische Skizzen, die Uhren in unterschiedlichen Größen und

DVD-TIPP

HUGO CABRET

Deutscher Titel: Hugo Cabret
Originaltitel: Hugo
Erscheinungsjahr: 2011
Regie: Martin Scorsese
Verleih: Paramount Pictures Germany

Macharten zeigen. Irgendwann wird er blass. „Geister!", stammelt er. „Hast du die Bilder gezeichnet?", fragt er Hugo. Und dann, lauter: „Wo hast du das gestohlen?" Hugo nimmt allen Mut zusammen: „Ich habe es nicht gestohlen!" Der Ladeninhaber tobt nun: „Ein Dieb und ein Lügner obendrein! Scher dich fort!" Hugo zögert erst noch, aber dann fordert er: „Ich will das Notizbuch zurück!" Die Stimmung des alten Mannes schlägt um in Schmerz: „Sag mir, wer das gezeichnet hat!" Hugo antwortet nicht. „Was willst du noch hier? Geh!"

So beginnt der Film „Hugo Cabret" – und was der Zuschauer in diesem Moment noch nicht ahnt: Kurze Zeit später arbeitet Hugo für den Besitzer des Spielwarenladens. Er will schließlich sein Notizbuch zurück und dies ist die einzige Möglichkeit, seine Schuld auszugleichen. Hugo repariert also Spielzeug und der alte Mann wird sein Mentor. Er bleibt zwar mürrisch und distanziert, aber Hugo lernt eine Menge von ihm.

VORSICHT, MENTOR!

Mentoren sind väterliche bis großväterliche Figuren, weise, souverän und abgeklärt, die in den Menschen, die sie zu ihren Schützlingen machen, sofort Gefühle von Zuneigung und Vertrauen hervorrufen, richtig?

Der Film „Hugo Cabret" belehrt uns eines Besseren. Der Besitzer des Spielwarenladens erscheint zwar als großväterliche und durchaus weise Figur, ist aber dennoch für Hugo erst einmal negativ besetzt. Mentoren müssen also keine Bilderbuchgroßväter sein, die ihren Enkeln liebevoll übers Haar streichen, damit sie diese Rolle gut ausfüllen können. Im Gegenteil: Mentoren sind durchaus kauzige, knorrige, alte Typen, die man nicht auf den ersten Blick mag. Menschen, denen man eher mit viel Respekt und auch Distanz begegnet.

Einer meiner Mentoren entpuppte sich auch erst auf den zweiten oder dritten Blick als einer: Es war der Chefredakteur der Radiostation, bei der ich meine Ausbildung gemacht habe. Während meiner Ausbildungszeit habe ich ihn oft als Gegenspieler, wenn nicht sogar als Feind empfunden. Wenn er eines meiner Manuskripte redigiert hatte, war es anschließend von vorne bis hinten rot – so viele Korrekturen hatte er dann mit seinem Rotstift vorgenommen. Dennoch habe ich von ihm am meisten gelernt. Und wusste von da an, dass Mentoren einem auf den ersten Blick so unheimlich sein können, dass man die Beziehung zu ihnen am liebsten auf der Stelle beenden will.
Im Film „Klang der Herzen", den ich Ihnen im ersten Kapitel vorgestellt habe, findet Held August Rush ebenfalls einen Mentor, der auf den ersten Blick gar nicht als solcher erkennbar ist: Als er aus dem Waisenhaus in die große Stadt New York flieht, trifft er dort auf den Straßenmusiker Wizard. Der ist nicht nur Straßenmusiker, sondern Kopf einer ganzen Horde von musizierenden Straßenkindern, die weder Eltern noch ein Zuhause haben. Sie stehen an zentralen Plätzen in der Stadt, bieten ihre Kunst dar. Das Geld, das sie von Passanten dafür bekommen, händigen sie Wizard aus. Im Gegenzug kümmert er sich um sie und bietet ihnen in einem verfallenen Theater ein Dach über dem Kopf. Als Wizard auf August trifft, erkennt er schnell dessen musikalisches Talent und sorgt in Nullkommanichts dafür, dass er am prominentesten Platz New Yorks aufspielt – einer ganz bestimmten Ecke des Central Parks – und dort sehr schnell für gute Einkünfte sorgt. Die Mentoren-Rolle, die Wizard hier übernimmt, ist durchaus doppeldeutig. Er bringt

zwar Augusts Begabung zum Vorschein, stärkt ihn musikalisch, sorgt väterlich für ihn, sodass August erhobenen Hauptes vor vielen Menschen auftreten kann. Er ist damit aber nicht nur Mentor, sondern definitiv auch eine Art Zuhälter und gleichzeitig Manager. Die Kinder lieben und hassen ihn, denn er attackiert sie auch, wenn sie nicht das tun, was er erwartet. Als August durch Zufall Kontakt zu einem Pastor und über ihn zur berühmten Juillard School bekommt, dort aufgenommen wird und Komposition studiert, nimmt das Drama seinen Lauf: Wizard erpresst August damit, seine wahre Identität als Waisenjunge preiszugeben, und zwingt ihn so zurück auf die Straße – schließlich ist August seine lukrativste Einnahmequelle, auf die er nicht verzichten will.

Dies ist die dunkelste Seite einer Mentoren-Mentee-Beziehung: Wenn sich Macht und wirtschaftliche Interessen mischen, gerät das Mentoring in eine Krise. Der eigentliche Zweck des Mentorings, die Weiterentwicklung des Mentees, kann nicht mehr stattfinden. Dann gibt es nur noch ein krampfhaftes Festhalten des Mentors am Mentee. Das ist dann kein Mentoring mehr. Ein Mentor muss loslassen. Er darf keine Besitzansprüche geltend machen. Er muss akzeptieren, dass der Mentee eigene Entscheidungen trifft und andere Wege geht, die seine eigenen Wege sind. Spätestens wenn der Mentor versucht, seinen Mentee in einen Rahmen zu pressen, der diesem zu klein ist,

dass dieser selbst andere unter seine Fittiche nimmt: „Und was du von mir gehört hast durch viele Zeugen, das befiehl treuen Menschen, die da tüchtig sind, auch andere zu lehren." (2. Timotheus 2,2)

In meinen Augen ist der allererste Mentor überhaupt Gott. Er führte Adam durch den Garten Eden und zeigte ihm alles. Ein Mentor hat die Aufgabe, seinem Mentee etwas beizubringen, ihn zu unterrichten, seinen Wissensvorsprung zu vermitteln oder auch Begabungen weiterzugeben. Es geht für einen Mentor auch darum, seinen Mentee über eine gewisse Schwelle zu heben und ihn ins Abenteuer zu entlassen. Kennen Sie Edgar Itt? Er war in den 1980er- und 1990er-Jahren ein sehr erfolgreicher Hürdenläufer, der es bis zu einer Bronzemedaille bei den Olympischen Spielen 1988 in Seoul brachte. Dass er das schaffte, verdankte er dem Mann, der sein Mentor war – seinem Großvater. Der sah nämlich die kümmerlichen Auftritte seines Enkels im Sportunterricht und nahm ihn daraufhin unter seine Fittiche. Stück für Stück brachte er ihm alles bei, was er für eine Profikarriere im Sport brauchte. Und er machte ihm Mut – Mut für die vielen Wettkämpfe, Mut für Olympia. Er hob ihn über die Schwelle. Oder sagen wir in diesem Fall passender: Hürde.

beginnt eine Mentoring-Krise. Deshalb gilt: Die Motive eines Mentors müssen gründlich unter die Lupe genommen werden, und zwar von beiden Beteiligten, vom Mentee wie vom Mentor selbst.

MENTOR: JEDER SOLLTE EINEN HABEN

„Mentor" ist ein griechischer Name, so hieß eine Figur aus der „Odyssee" von Homer. Mentor war der Freund des Helden Odysseus und beschützte dessen Sohn Telemachos. Im übertragenen Sinne ist ein Mentor heute ein älterer, wohlwollender, kluger Berater eines jüngeren Menschen. Paulus nimmt in der Bibel eine solche Stellung gegenüber Timotheus ein. Er fördert ihn und investiert in ihn. Gleichzeitig erwartet er von Timotheus,

Im Film umgibt die Mentoren oft ein sehr spiritueller Geist – Spiritualität spielt für sie eine große Rolle. Denken Sie an „Kampf der Titanen": Hier ist es Göttervater Zeus, der Mentor für seinen Sohn Perseus ist. Er redet mit der Stimme der Gottheit und ist mit göttlicher Weisheit begabt –

im strengen Wortsinn „be-geistert" oder enthusiastisch: „En theus" bedeutet „von Gott beseelt sein" oder „Gott in sich haben". Für einen jungen Mentee wiederum ist es auch im wirklichen Leben faszinierend, wenn er einen Mentor hat, der die Frage nach dem Sinn des Lebens für sich schon beantwortet hat, also schon weiß, wo er herkommt und wo er hingeht. Ich selbst bin mittlerweile Mentor für fünf ganz unterschiedliche junge Menschen – und versuche ihnen auch ganz bewusst, meine eigene Spiritualität zu vermitteln. Wenn es passt und sich anbietet, erzähle ich ihnen beispielsweise von den Erfahrungen, die ich mit meinem Glauben gemacht habe, welche Gebete mir helfen, wie ich mit Gott kommuniziere und wie ich eine spirituelle Balance finde.

Mentoren dienen immer auch als Projektionsfläche – ein positiver Mentor ist wie ein Zielfoto: „So möchte ich auch sein!" Diese Projektion wird im Film oft als tatsächliches Motiv aufgegriffen. Es gibt dann so etwas wie ein unausgesprochenes Versprechen: Wenn der Held seine Reise übersteht und auf dem Weg bleibt, den der Mentor ihm zeigt, dann wird er eines Tages auch so werden wie dieser. Die Schlussszene aus dem Film „Der Club der toten Dichter" ist für mich ein sehr berührendes Beispiel dafür: der Moment, in dem die Schüler gegen den Direktor aufbegehren, der gerade ihren geliebten Lehrer der Schule verwiesen hat. Alle stehen auf den Tischen und rufen ihrem Lehrer nach „O Captain, mein Captain", während der Direktor hilf- und machtlos durch die Reihen läuft und nichts dagegen tun kann. Als Zuschauer ahnt man: Diese Schüler sind für ihr Leben geprägt und werden den Weg weitergehen, den ihr Lehrer ihnen gewiesen hat.

Ich persönlich denke, dass jeder Mensch einen Mentor haben sollte. Gerade bei jungen Männern stelle ich jedoch sehr oft fest, dass sie regelrecht Angst davor haben, sich einem Mentor anzuvertrauen. In meinen Augen hängt diese Angst ganz eng mit der Vaterbeziehung dieser jungen Männer zusammen. Ist dieses Verhältnis schwierig und von vielen Auseinandersetzungen geprägt – oder sind sie gänzlich ohne Vater aufgewachsen –, dann lebt die daraus resultierende Spannung in ihnen weiter. Eigentlich hätten sie gerne eine wohlwollende väterliche Figur an ihrer Seite, die sie ins Leben führt, aber sie fürchten sich auch vor der Auseinandersetzung mit der männlichen Energie, die genau das bedeutet. Deshalb bauen sie erfolgreich Blockaden auf, die verhindern, dass sie einen Mentor finden, beziehungsweise einen passenden Mentor fragen, ob er sie vielleicht begleiten möchte.

EIN MENTOR MUSS KRISEN DURCHLAUFEN

Dass ich die Mentoren-Rolle für mehrere junge Männer übernommen habe, wissen Sie schon. Was Sie aber noch nicht wissen: Ich selbst suche mir auch immer wieder Mentoren, selbst in meinem mittleren Alter noch. Zu deutlich ist das Gefühl, dass es noch Dinge gibt, mit denen ich mich zu wenig auskenne und über die ich mehr erfahren möchte.

Vor ungefähr zwei Jahren bekam ich eine Einladung zu einem Kongress in Stuttgart, „Fernsehen 3.0" hieß er. Bei diesem Kongress trafen sich Produzenten und Vertreter von Sendeanstalten, um über die Zukunft des Fernsehens zu diskutieren. Als ich die Einladung las, vernahm ich eine sehr starke innere Stimme: „Fahr dorthin", sagte sie mir. „Du wirst dort zwei Menschen kennenlernen, die für dich wichtig sind." Ich meldete mich also an, auch wenn mir diese innere Stimme irgendwie komisch vorkam – ob ich langsam schrullig wurde, dass ich jetzt auf einmal Stimmen hörte?

Wie auch immer: Als der zweitägige Kongress begann, war ich unter den Besuchern. Am ersten Tag lernte ich in einer der Pausen einen Regisseur kennen, der in der Produktion der „Tagesthemen" arbeitete. Wir führten ein sehr nettes, kollegiales Gespräch über die Projekte, an denen wir gerade arbeiteten. Schon während des ganzen ersten Tages fiel mir immer wieder ein älterer Herr auf, der zu jedem Wortbeitrag kluge und kritische Fragen stellte. Am zweiten Tag sprach ich ihn in einer Pause einfach an und fragte ihn, was er mache und warum er auf dem Kongress sei. Professor an einer Filmhochschule sei er, mit den Spezialgebieten Schnitt und Storytelling. Als er das sagte, wurde ich auf einmal hellhörig, denn schon damals hatte ich den Plan, einen Film über Heinrich Schickhardt, den großen Baumeister der Renaissance, zu drehen. Von diesem Film wollte ich unbedingt, dass er im öffentlich-rechtlichen Fernsehen und auf Arte gesendet würde, deshalb war mir auch sehr daran gelegen, jemanden zu finden, der mich in allen Drehbuchfragen als Mentor begleiten würde. Also fragte ich den Professor, ob er sich vorstellen könne, mein Mentor zu sein. Ich hatte enormen Respekt vor seiner Kompetenz und Persönlichkeit und war entsprechend nervös, als ich ihn das fragte. Seine Reaktion war sehr zögerlich – er brauche Bedenkzeit, sagte er. Denn normalerweise habe er es in Sachen Begleitung und Beratung nur mit Studierenden zu tun und nicht mit Kollegen. Aber er würde es sich überlegen. Kurze Zeit nach dem Kongress lud er mich zu einem Gespräch ein. Wir verabredeten uns und als wir uns am vereinbarten Ort eingefunden hatten und begrüßten, streckte er mir die Hand hin und sagte: „Ich bin der Hans!" – da war mir klar, dass er tatsächlich mein Mentor sein wollte. Vermutlich habe ich gestrahlt wie zwei Sonnen auf einmal.

Die darauf folgenden Monate und Jahre waren sehr fruchtbar für mich. Die Dramaturgie eines Films, wie man einen Spannungsbogen auch in einem Dokumentarfilm gut inszeniert, wie sich der Hauptstrang der Handlung gut mit den Seitensträngen verbinden lässt – in all diesen Bereichen brachte mich Hans kilometerweit vorwärts! Aus der Mentoring-Beziehung entwickelte sich nach und nach eine Freundschaft. Und zwei Jahre, nachdem ich ihn angesprochen hatte, geschah es das erste Mal, dass er mich um professionellen Rat fragte. Ich danke noch heute meiner inneren Stimme, die mich damals zu diesem Kongress schickte, auf dem ich Hans kennenlernte.

Ein Mentor muss übrigens weder Heiliger noch fehlerfrei sein, um seine Rolle gut ausfüllen zu können. Im Gegenteil: Wenn ein Held spürt, dass sein Mentor auch Fehler hat, Krisen durchläuft und selbst auch nicht immer weiß, wo es langgeht, kann er etwas sehr Wichtiges lernen. Nämlich genau diese Fehler zu vermeiden. Voraussetzung dafür ist natürlich, dass in der Mentoren-Mentee-Beziehung eine Öffnung stattfindet – beide müssen bereit sein, ihre Schwächen zu offenbaren. Wohlgemerkt geht es hier nicht um eine Therapie, sondern um einen Austausch von kritischen Lebenserfahrungen, die für den Mentee ebenso hilfreich sein können wie für den Mentor. Der alte Spielzeughändler aus „Hugo Cabret" ist ein gutes Beispiel für solch einen „gebrochenen" Mentor – er hat eine dramatische Krise in seinem Leben durchlitten, die noch nicht aufgearbeitet ist, deshalb ist er zu einem mürrischen Alten geworden. Aber dadurch, dass er die Mentoren-Rolle für Hugo übernimmt, arbeitet er in einer Art Parallelgeschichte seine eigene Krise auf und überwindet sie. Sowohl Mentor als auch Mentee profitieren vom Mentoring. Beide lernen daraus für ihr Leben.

SAGEN SIE „DANKE!"

„Ich hatte noch nie einen Mentor!" – das sagen viele Menschen, mit denen ich mich über Mentoring unterhalte. Im Laufe eines Lebens haben wir jedoch viel mehr Mentoren, als wir auf den ersten Blick meinen: Unsere Eltern, Großeltern und Geschwister können uns ebenso Mentoren sein wie unsere Lehrer, Ausbilder und Vorgesetzte. Für mich war der Schulleiter meiner Schule mein erster Mentor. Er war kein beliebter Schulleiter oder Lehrer, im Gegenteil. Auch wenn sich das jetzt hart anhört – jeder hasste ihn bis zu einem gewissen Grad. Aber alle respektierten ihn auch. Er war ein Mensch mit großer Autorität und Präsenz. Von ihm habe ich sehr viel gelernt, denn er war einer der ersten und rückhaltlosesten Unterstützer des Schülerzeitungsprojekts, in dessen

Rahmen ich meine ersten journalistischen Erfahrungen gesammelt hatte. Im Grunde war er ein ähnlich sperriger Charakter und forderte mich genauso heraus wie mein erster Chefredakteur, an dem ich mich abgearbeitet hatte. Dennoch bedankte ich mich bei beiden später ausdrücklich und schriftlich für das, was sie mir mit auf meinen Lebensweg gegeben hatten. Und dafür, dass sie meine Mentoren waren – ohne dass das damals direkt so benannt oder ausgesprochen worden wäre. Ich weiß, dass beide diese Form der Anerkennung sehr geschätzt haben, deshalb möchte ich an dieser Stelle allen Mut machen, sich bei ihren bewussten oder unbewussten Mentoren zu bedanken und ihnen diese Wertschätzung zu schenken. Es bedeutet Menschen sehr viel, für das anerkannt zu werden, was sie jeden Tag tun – auch wenn sie es für selbstverständlich und als Teil ihrer Arbeit halten.

Ich bin sicher: Wenn Sie darüber nachdenken, welche Menschen in Ihrem Leben eine Mentoren-Rolle übernommen haben, werden Ihnen einige einfallen. Dass manche Menschen mehrere Mentoren gleichzeitig haben, kommt natürlich auch vor. Als Beispiel fällt mir an dieser Stelle eine berühmte Filmfigur ein, James Bond. Agent 007 hat nämlich nicht nur einen, sondern gleich drei Mentoren. Sein technischer Mentor ist Q, der ihn auf seine Abenteuer dergestalt vorbereitet, dass er ihm immer die besten und raffiniertesten Waffen beschafft. Als Zuschauer hat man mitunter das Gefühl, dass Q immer schon viel mehr weiß als James Bond – geht Ihnen das auch so? M, die ältere, weise Frau, ist nicht nur seine Vorgesetzte, sondern ebenfalls eine Mentorin. Sie scheint die amourösen Abenteuer ihres Agenten regelmäßig vorherzusehen und deckt ihn gegenüber dem Premierminister. Die dritte Mentorin ist Miss Moneypenny – sie übernimmt das Mentoring auf Augenhöhe und versorgt Bond mit nützlichen Ratschlägen. Auch wenn die Rollen der Mentoren hin und wieder abweichen – M ist durchaus auch Widersacherin, Q ein notorischer Besserwisser und Miss Moneypenny auf einmal Flirtobjekt –, dass Agent 007 seine Abenteuer

bestehen kann, hat er seinen drei Mentoren zu verdanken.

Hugo findet eine Begleiterin, eine Verbündete: Isabelle, die Nichte des alten Spielzeughändlers. Und zusammen mit ihr entdeckt er, dass der alte Mann, sein Mentor, nicht nur irgendein knorriger alter Kauz ist, sondern vor vielen Jahren einer der berühmtesten Stummfilmmacher des Landes war. „Die Reise zum Mond" hieß der Film, der ihn berühmt gemacht hat. Die glanzvollen Tage des Stummfilms sind jedoch vorbei, die Filmstudios abgebrannt. Nur in seiner Wohnung bewahrt der alte Mann noch ein paar wenige Requisiten aus seiner großen Zeit auf.

Am Ende erfährt der alte Mann eine große Würdigung seines Werks. Dank des Einsatzes von Hugo und Isabelle tauchen 80 seiner verschollen geglaubten Filme wieder auf und werden bei einer Veranstaltung gezeigt. Der Spielzeughändler bekommt Standing Ovations von seinem Publikum. „Dass ich hier stehe, verdanke ich diesem mutigen Mann!", sagt er. Er meint Hugo, seinen Mentee. Seine Seele ist geheilt.

MUT ZUM WEITERDENKEN

▼

Nehmen Sie Ihre Geschichte in die Hand
und schreiben Sie Ihre Gedanken auf:

Vergegenwärtigen Sie sich
zwei Ihrer Lieblingsfilme:
Wer sind darin die Mentoren?
Welche Funktionen erfüllen sie?

•

Schauen Sie Ihre eigene Biografie an:
Gibt es einen Menschen, der in der
Vergangenheit Ihr Mentor war?

•

Falls Sie keinen Mentor haben:
Sehen Sie Vorteile, die Ihnen
eine Mentor-Beziehung bieten würde?
Bei welchen Fragen könnte Ihnen
ein Mentor konkret weiterhelfen?

•

Für wen könnten Sie selbst
ein Mentor sein?

•

KAPITEL 5

DIE ERSTE KRISE

Finden Sie Ihre Energiequelle!

Auf einem Routineflug von Orlando nach Atlanta kommt eine Passagiermaschine in schwere Turbulenzen. Ein Verbindungsseil am Höhenleitwerk reißt – es hätte schon längst ausgetauscht werden müssen. Kapitän William Whitaker verliert die Kontrolle über das Flugzeug, es gerät in einen unaufhaltsamen Sturzflug. Die Chance, dass irgendjemand an Bord diesen Sturzflug überlebt, ist gleich null. Kapitän Whitaker sieht nur eine Möglichkeit, das Leben der Passagiere und der Crew zu retten:

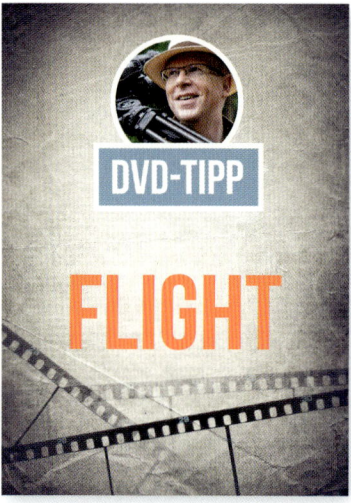

Deutscher Titel: Flight
Originaltitel: Flight
Erscheinungsjahr: 2012
Regie: Robert Zemeckis
Verleih: Studiocanal GmbH Filmverleih

in Rückenlage zu gehen – denn nur dann ist die Maschine wieder steuerbar – und so schnell wie möglich eine Stelle für eine Notlandung zu finden. Ein waghalsiges Manöver. Aber es gelingt. Die Passagiere hängen während des restlichen Flugs kopfüber in den Gurten, aber Whitaker findet eine sichere Stelle für die Landung und schafft es, die Maschine rechtzeitig wieder in die normale Lage zurück und auf den Boden zu bringen. Bei der unausweichlichen Bruchlandung sterben jedoch sechs Menschen.

Ein paar Tage nach dem Unglück – Kapitän William Whitaker ist wieder aus dem Krankenhaus entlassen – trifft er sich mit seinem Freund Charlie in einer Kneipe. Charlie hat einen Anwalt mitgebracht. „Wieso brauchen wir einen Anwalt?", fragt William seinen Freund. „Hugh ist Spezialist für kriminelle Fahrlässigkeit", antwortet Charlie. „Sechs Menschen sind gestorben. Die Angehörigen verlangen einen Verantwortlichen. Jemand muss dafür bezahlen." William versteht die Welt nicht mehr. „Ich habe 96 Menschenleben gerettet. Und es gab keinen Pilotenfehler!" „Es gibt aber Blutproben aus dem Krankenhaus, William", antwortet der Anwalt. „Und die besagen, dass der Kapitän Alkohol im Blut hatte, und zwar 2,5 Promille. In den USA kommen Sie ins Gefängnis, wenn Sie mit 0,8 Promille fahren, und mit Fahren meine ich ein Auto." „Na ja, ich hatte ein paar Bier am Abend vorher getrunken, das kann schon sein", gibt William zu. „Wie gesagt, darauf steht Gefängnis, William", antwortet der Anwalt. Und fährt fort: „Und wenn jemand nicht nur betrunken fährt, sondern auch noch Kokain genommen hat, dann blühen ihm sogar bis zu 12 Jahre Gefängnis." William wird still. „Und ich kann Ihnen noch etwas sagen, William", fährt der Anwalt fort. „Wenn es den Angehörigen der Opfer gelingt, fahrlässiges Handeln nachzuweisen, dann liegen hier sechs Fälle von Totschlag vor, und das könnte lebenslänglich bedeuten."

Keine Frage: William, gespielt von Denzel Washington, steht vor einer Krise. Was der Zuschauer des Films „Flight" von Anfang an weiß, William sich aber erst nach und nach eingesteht: Er ist Alkoholiker und er konsumiert Drogen. Schon seit vielen Jahren steigt er betrunken ins Cockpit, und am Abend vor dem Unglücksflug war er nicht nur schwer betrunken, sondern hat auch Kokain genommen – und während des Flugs hat er weiter getrunken. Nun wird er mit den Konsequenzen seiner Sucht konfrontiert.

Joseph Campbell – auch er ist ein US-amerikanischer Autor, der sich wie Christopher Vogler mit dem Thema der Heldenreise intensiv auseinandergesetzt hat – bezeichnet solche Krisen als „Traumlandschaft mit seltsam fließenden, mehrdeutigen Gestalten, in der der Held eine Reihe gefährlicher Bewährungsproben zu bestehen hat". Und genau das geschieht mit William Whitaker. Auch in seiner Krise gibt es diese „seltsam fließenden, mehrdeutigen Gestalten", von denen William manchmal nicht weiß, ob sie Freund oder Feind sind – sein Freund Charlie und der Anwalt beispielsweise. Der Anwalt begleitet William zwar durch die Krise, aber William lehnt ihn erst einmal ab. Auch seinen Freund Charlie erkennt William nicht immer als Freund. Dabei wollen beide sein Bestes – dass er aus den Schwierigkeiten gut heraus- und vom Alkohol loskommt.

SCHWIERIGE NEUE WELT

Wenn ein Held seine Reise beginnt, dann gelten für ihn ab diesem Moment neue Regeln – er hat seine gewohnte Welt verlassen und tritt in eine neue Welt ein. Das lässt sich gut mit dem Betreten eines Schiffes vergleichen. Dort gilt das internationale Seerecht. Die höchste Gewalt hat der Kapitän. Die Regeln, die an Land gelten, sind außer Kraft gesetzt.

Im Film wird der Übergang in eine neue Welt häufig durch einen Wechsel der Farben symbolisiert. Haben Sie darauf schon einmal geachtet? Bei „Herr der Ringe" beispielsweise dominieren warme und weiche Farben, solange die Handlung im Auenland spielt. Als sich die Handlung nach Mordor verlagert, wechseln die Farben zu einem kühlen Blau. Je weiter das Abenteuer fortschreitet und je weiter der Held sich auf seiner Reise bewegt, desto weniger Farben hat der Film – und er endet in Grau- und Schlammtönen. Auch im Le-

ben kann es sich so anfühlen, dass nichts Buntes mehr auf dieser Welt zu sein scheint und mit der neuen Lebenssituation die Freude weicht, auch weil man sich selbst überhaupt nicht wohlfühlt. Tritt jemand in eine neue Welt ein – sei es nun ein Held am Beginn seiner Reise oder ein Student, der den Übergang ins Berufsleben angeht –, muss er viele Fragen für sich klären: Wer sind meine Verbündeten? Wer sind meine Konkurrenten? Wer neu anfängt, tut dies bei Null. Dieser Neuanfang und damit die Notwendigkeit, die Regeln der neuen Welt kennenzulernen und die dort herrschenden Werte anzunehmen, sind gleichzeitig die ersten Bewährungsproben und gleichzeitig die ersten Krisen.

Wenn ein junger Betriebswirt frisch von der Universität kommt und seine erste Stelle beispielsweise in einer Bank antritt, wird er intensiv mit den dort herrschenden Regeln und Werten konfrontiert. Wer darf in einer Bank ein Einstecktuch tragen? Wie ist das mit den Autos? Erträgt es der Vorgesetzte, dass der Neueinsteiger einen coolen Sportwagen fährt und er selbst nur einen älteren, spießigen Kombi? Auch kommt die Frage auf, wie der Neueinsteiger in der Firmenkultur aufgenommen wird. Sorgt das Unternehmen dafür, dass der neue Mitarbeiter innerhalb kürzester Zeit zum Insider wird und sich gut zurechtfindet? Lässt es ihn alleine mit dieser Aufgabe? Oder legt es ihm sogar Steine in den Weg? Und schließlich: Wie lernbereit ist der Neueinsteiger

selbst? Wie schnell eignet er sich die neuen Regeln an und lässt sich auf das neue Umfeld ein? Kann er seinem neuen Chef trauen? Ist die Sekretärin auf seiner Seite oder ist sie eine doppelzüngige Intrigantin? Hinter all diesen Fragen stecken Bewährungsproben, die im ganz normalen beruflichen Alltag stattfinden.

Diese Bewährungsproben sind aber nicht nur den Neueinsteigern des Berufslebens vorbehalten, auch alte Hasen müssen sie bestehen. In meinem Bekanntenkreis gibt es einen Menschen, der vom Ende seiner Ausbildung bis zu seinem 50. Geburtstag in ein und derselben Firma gearbeitet hat – und selbst dieses späte Ende seiner Zeit dort war unfreiwillig, denn er ging nur, weil die Firma ihre Tore schloss. Er bewarb sich daraufhin bei einem anderen Unternehmen, bekam dort auch eine Stelle, allerdings nicht mehr in der Produktion, sondern in der Dokumentation. Mit dieser Aufgabe kam er jedoch überhaupt nicht zurecht. Selbst nach einem halben Jahr war für ihn klar: Aus dieser Krise würde er nicht herauskommen. Nie würde er in der neuen Firma zu einem Insider werden, selbst wenn er sich noch so sehr bemühte. Also bewarb er sich wieder. Noch hat er keinen neuen Arbeitsplatz, aber eines zeichnet sich jetzt schon ab: In unmittelbarer Nähe seines Wohnortes gibt es einfach keine passenden Stellen für ihn – und dies wird eine noch viel größere Bewährungsprobe für ihn bereithalten. Das erste Mal in seinem Leben wird er umziehen und damit sein Elternhaus verlassen müssen. Seine Ausbildung, seine erste Stelle und auch die zweite hatte er

sich unter der Maßgabe ausgesucht, dass sie so wohnortnah wie nur möglich sein mussten – denn er hatte sich nie dazu durchringen können, aus seinem Elternhaus auszuziehen. Auch seine Frau war bereit gewesen, dort zu leben, und so hatten sie in ganz jungen Jahren das Dachgeschoss für sich ausgebaut. Für die beiden Kinder war nach und nach Platz geschaffen worden. Nun ist er also 50 und steht kurz davor, das erste Mal auszuziehen – zumindest unter der Woche. Denn dass seine Frau und die Kinder dort bleiben werden, zumindest für den Anfang, ist schon beschlossene Sache. Wie sich dies auf die Beziehung zu seiner Frau und den Kinder auswirken wird, ist noch völlig unklar. Einfach wird es sicherlich nicht – eine Krise scheint auch beim nächsten Stellenwechsel recht wahrscheinlich.

GETARNTE BEGLEITER

Krisen meistert besser, wer leicht Kontakt und tiefe Beziehungen zu anderen aufbauen und so dafür sorgen kann, dass er Hilfe und Begleitung hat – ganz egal, ob im privaten oder beruflichen Umfeld. Unschätzbar wertvoll sind Menschen, die einander über lange Jahre hinweg und durch alle Krisen hindurch begleiten. Filmische Beispiele für Begleiter von Helden fallen mir einige ein: Sherlock Holmes hat Dr. Watson: Egal, wie schlimm sich eine Situation entwickelt, Sherlock Holmes kann sich auf den klugen Rat und die Umsichtigkeit seines Freundes Dr. Watson verlassen. Frodo aus „Herr der Ringe" kann jederzeit auf Sam zählen. In „Pretty Woman" weiß Edward, dass Vivian ihn auf seinem Weg begleiten wird. Und Winnetou hat Old Shatterhand an seiner Seite – wobei das nicht sein einziger Begleiter ist: Da gibt es noch Sam Hawkins, der zwar den Witzbold gibt, aber immer da ist, wenn es brenzlig wird.

Auch in der Bibel haben Helden Begleiter: Ohne Aaron, Hur und Josua hätte Mose niemals die Amalektiter besiegen können. Während Josua den Kampf gegen Amalek ausficht, kniet Mose auf dem Hügel und hält den Stab Gottes in seiner Hand. Hält er seine Hände empor, gewinnt Israel, lässt er sie vor Erschöpfung sinken, siegt Amelek. Aaron und Hur stützen Moses Hände den ganzen Tag lang, bis die Sonne untergeht, und Israel gewinnt den Kampf (2. Mose 17).

Begleiter sind mitunter auch Menschen, die einem zunächst wie Rivalen vorkommen. Im Film wie im Leben scheinen sie auf die Rolle der Bösewichte gebucht zu sein, vielleicht weil sie einem etwas streitig machen oder grundsätzlich in Konkurrenz zu einem gehen. Das mag tatsächlich so sein – dennoch können sie wichtige Begleiter sein, weil sie für die eigene innere Wandlung und für die persönliche Weiterentwicklung hilfreich sind. Mitunter spiegeln sie auch unsere eigenen negativen Eigenschaften wider und helfen uns dabei, das eigene Ziel schärfer vor Augen zu bekommen und es klarer zu sehen.

Kennen Sie den Film „Ocean's Eleven"? Und erinnern Sie sich, wie Danny Ocean sein Team zusammensetzt, um den großen Coup – er hat es auf den Tresor eines Casinohotels abgesehen – vorzubereiten und durchzuführen? Er achtet darauf, dass jeder seiner Gefährten einen anderen Charakter hat und etwas anderes kann. Jeder von ihnen hat eine einzigartige Funktion, andere Spezialkenntnisse. Es gibt einen Pyrotechniker, einen Elekronikexperten, zwei Autobastler, einen Taschendieb und einen Akrobaten. Sie alle ergänzen den Kopf des Teams und helfen ihm, sein Ziel zu erreichen.

Dieser Aspekt der Heldenreise – dass ein Held ihn gut ergänzende Begleiter braucht, um ans Ziel zu kommen – lässt sich problemlos auf viele andere Bereiche des Lebens übertragen. Auf das Berufsleben beispielsweise. Wenn ich meine Filme drehe und produziere, sind oft mehr als 30 Menschen involviert. Und ohne meine Begleiter, seien es nun das Kamerateam oder diejenigen, die meine Termine im Griff haben, wie zum Beispiel mei-

ne Produktionsassistentin, kann ich buchstäblich nichts ausrichten. Ohne Begleiter würde keine Minute Film entstehen. Ich würde scheitern.

In den Jahren als Jugendlicher und junger Erwachsener sah ich das noch ganz anders. Ich fühlte und definierte mich als „Lonely Cowboy" – zu Schulzeiten hatte ich nur einen einzigen Freund. Heute ist das für mich unvorstellbar. Zum Glück konnte ich mich irgendwann dafür entscheiden, aktiv Zeit in Freundschaften zu investieren. Und eine Investition ist das tatsächlich – man gibt Vertrauen, Energie, Zeit und muss damit rechnen, dass man nichts davon zurückbekommt. Und dennoch: Nur wer Begleiter sucht, findet und einbindet, wird seine Reise erfolgreich zu Ende bringen, wohin auch immer sie geht.

Einer meiner wichtigsten Begleiter und Gefährten war mein Großvater. Nach dem Tod meiner Mutter – mein Vater war mit der Situation völlig überfordert, stand zudem beruflich sehr unter Druck und konnte sich nicht um uns Kinder kümmern – kam ich zu meinen Großeltern. Mit meinem Großvater hatte ich mich schon immer wunderbar verstanden, mit ihm verband ich die schönsten Erinnerungen meines Kinderlebens, er stand für mich für Freiheit und Abenteuer. Von meinem Opa fühlte ich mich verstanden, gleichzeitig hatte ich großen Respekt vor ihm. Unsere Beziehung war sehr innig. Und nun wurde er mein Begleiter, mein Gefährte, mein Trost in dieser schweren Zeit der Krise, nachdem meine Mutter gestorben war.

Doch dann geschah das Undenkbare: Ein Jahr nach dem Tod meiner Mutter erlitt mein Großvater einen Schlaganfall und starb wenige Wochen später. Das war eine neue Krise, und sie war immens. Aber erst, als ich diese Krise der Verlassenheit das dritte Mal erlebte – als meine erste Frau Bettina an Krebs starb – erkannte ich das Muster. Da lernte ich zum ersten Mal sehr schmerzhaft in meinem Leben: Dass man eine Krise erlebt und erlitten und überwunden hat, heißt definitiv

nicht, dass man nun immun dagegen ist. Ganz und gar nicht.

QUELLEN DER ENERGIE UND DER RUHE

Eines ist also sicher: Irgendwann im Laufe eines Lebens wie eines Films kommt die erste große Krise. Genauso sicher ist jedoch, dass es bei dieser einen Krise nicht bleiben wird. Dieser ersten werden viele weitere nachfolgen. Um sie alle zu überstehen, braucht man Quellen der Regeneration. Wo kann der Held auf der Reise Energie schöpfen? Wo liegen die Oasen der Ruhe und der Kraft?

Ein Musterbeispiel für jemanden, der zwischen seinen Lebensreisen immer wieder zu seiner Energiequelle zurückkehrt, ist für mich Willem Barents. Der niederländische Seefahrer und Entdecker, der in der zweiten Hälfte des 16. Jahrhunderts lebte, hatte einen kühnen Plan: Zusammen mit seinem Gefährten van Linschoten wollte er eine nördliche Route durch die Arktis nach Indien und China finden – holländische Handelsschiffe könnten so auf dem kürzesten Weg wertvolle Ware wie Gewürze aus Asien nach Europa bringen, so seine Idee. Im Sommer 1594 startete eine erste Expedition mit drei Schiffen Richtung Norden. Im nördlichen Polarmeer trennten sich die drei Schiffe, um auf unterschiedlichen Routen die Nordostpassage zu finden. Doch die Mission scheitert. Packeis verhindert die weitere Fahrt. Nach drei Monaten kommen die Schiffe wieder in der holländischen Heimat an. Schon im nächsten Sommer startet die zweite Expedition – dieses Mal mit sieben Schiffen. Willem Barents ist optimistisch. Er will die eisfreie Passage nach China genau kartografieren. Doch die Männer kommen zu spät . Ende August ist das Nordmeer bereits voller Eismassen, die Schiffe können nicht mehr passieren. Barents und seine Gefährten sind gezwungen umzukehren. Wieder ein Jahr später startet die dritte Expedition. Dieses Mal geht es nicht gut aus. Barents entdeckt zwar Spitzbergen, das er für das holländische Königshaus in Besitz nimmt und dessen Küste kartografiert. Aber schon vier Wochen später, Mitte Juli, sind die Schiffe wieder im Packeis gefangen. Sie schaffen es nicht, sich aus dieser misslichen Lage zu befreien und sind gezwungen, im Eis zu überwintern. Erst im nächsten Frühsommer können sie aufbrechen. Da ist es jedoch für Willem Barents schon zu spät: Zwei Wochen nach dem Aufbruch stirbt er an Skorbut, einer Krankheit, die durch Vitaminmangel ausgelöst wird.

Mich fasziniert an Willem Barents' Geschichte und Persönlichkeit, dass er trotz vieler Krisen nie aufgab. Er nutzte seine Rückschläge positiv. Zum Beispiel, um in der Heimat neue Kräfte zu tanken. Um Energie und Lebensfreude zu schöpfen. Sich Gedanken über sein Ziel zu machen.
Es zu verändern, anzupassen und neue Förderer dafür zu finden. Seine Oase war sein Heimatland, in das er zwischen seinen Expeditionen immer wieder zurückkehrte.

So wie ein Sonntag uns Ruhe nach einer hektischen Woche gibt, sorgen die Oasen unseres Lebens dafür, dass wir eine gute Verwurzelung haben, innere und äußere Heimat finden. Welche Oasen, welche Quellen wir in unserem Leben brauchen, ist individuell ganz verschieden. Der eine findet sie draußen in der Natur, in der Bewegung, der andere in einer Kirche oder zu Hause in geselliger Runde am großen Esstisch. Für den einen ist sie überhaupt nicht an einen Ort, ein Land gebunden, für den anderen findet sie sich nur an einem ganz bestimmten Platz auf unserer Erde.

Letzten Endes spielt es überhaupt keine Rolle, wo diese Oase ist und wie sie aussieht. Es zählt nur eins: herauszufinden, was einem selbst gut tut, wobei man Kraft schöpft. Und diese Kraft, diese Energie dann auch tatsächlich tanken zu können. Das ist die Basis, die es uns ermöglicht, Krisen zu überstehen.

Vor dem Untersuchungsausschuss der Flugaufsicht gelingt es William Whitaker, das Unheil von sich abzuwälzen: Er hat eine Stewardess bestochen, die aussagt, dass die beiden Flaschen Wodka in der Bordmülltonne auf das Konto der Stewardess gingen, die bei der Bruchlandung gestorben ist. Whitaker habe während des Flugs nicht getrunken. Der Untersuchungsausschuss entlässt Whitaker daraufhin aus der Verantwortung. Er muss nicht ins Gefängnis.

Doch danach gerät Whitaker in die größte Krise überhaupt. Er ist zwar froh, dass er nicht ins Gefängnis muss. Gleichzeitig weiß er, dass das, was er da tut, falsch ist – falsch gegenüber den getöteten Menschen, falsch gegenüber sich selbst. Es geht um Leben oder Tod, um seine Sucht, und er geht durch die Hölle. Irgendwann entscheidet er: Seine gerechte Strafe auf sich zu nehmen, ist besser, als weiter in dieser Hölle zu schmoren. Und er bekennt sich vor dem Untersuchungsausschuss als schuldig.

MUT ZUM WEITERDENKEN

▼

Nehmen Sie Ihre Geschichte in die Hand
und schreiben Sie Ihre Gedanken auf:

Gibt es in Ihrem Leben eine Herausforderung
oder eine Bewährungsprobe,
die Sie in nächster Zeit
bestehen müssen?

•

Wen können Sie als Verbündeten,
als Gefährten dafür gewinnen?

•

Falls Sie sich eher als Einzelgänger erleben:
Gibt es Aufgaben oder Krisen,
die Sie nur in einer Gruppe
bewältigen können?

•

KAPITEL 6

DER
BÖSEWICHT

Wer sind die Feinde in Ihrem Leben?

D er Ghostwriter bekommt den Auftrag seines Lebens: Er soll die Memoiren des britischen Premierministers vollenden. Schnell. Denn sein Vorgänger hat sich selbst durch einen Sprung von einer Fähre getötet. Das Buch muss aber dringend fertiggestellt und veröffentlicht werden.

Nach und nach merkt der Ghostwriter jedoch: Irgendetwas stimmt hier nicht. Der Fundort der Leiche seines Vorgängers an der Küste passt nicht zu den Strömungsverhältnissen. Eine Augenzeugin liegt nach einem Sturz auf einer Treppe im Koma. Auch scheint der Premierminister viele Geheimnisse zu haben, denen der Ghostwriter auf die Spur kommt. Auf eines dieser Geheimnisse stößt er, als er das Navigationsgerät des Autos einschaltet, das sein Vorgänger zuletzt benutzt hat. Er folgt den Anweisungen des Navis und es führt ihn zu einem umzäunten Bereich in einem Wald. Darin steht einsam und isoliert ein Haus. Dessen Fenster sind dunkel. Es scheint ein Geheimnis zu bergen. Der Ghostwriter geht am Zaun entlang, findet einen Briefkasten und greift hinein. Die Briefe sind an Professor Paul Emmitt adressiert – und diesen Namen kennt er. Er steht auf der Rückseite eines Fotos, das den Premierminister zeigt. Auch im Manuskript seines Vorgängers hat er ihn mehr als einmal gelesen. Noch während er an dem Briefkasten steht und die Briefe anschaut, gleitet ein schwarzer BMW an ihm vorbei. Leise und wie ein Schatten. Wer sitzt in diesem Auto, das wie eine Vorahnung an ihm vorbei im Wald verschwindet? Wer zieht hier im Hintergrund die Fäden? Welche geheimnisvolle Macht steckt hinter dem Verschwinden seines Vorgängers?

Deutscher Titel: Der Ghostwriter
Originaltitel: The Ghost Writer
Erscheinungsjahr: 2010
Regie: Roman Polański
Verleih: Kinowelt Filmverleih

Der Ghostwriter klingelt an der Tür des alleinstehenden Hauses. Über die Sprechanlage meldet sich eine Frauenstimme. „Ich möchte zu Professor Emmitt", sagt der Ghostwriter. „Ich habe ein Foto." Der Professor selbst öffnet ihm die Tür: „Ich habe es mir zur Regel gemacht, niemanden ohne Termin zu treffen, aber Ihr Hinweis auf ein Foto hat zugegebenermaßen die Neugierde in mir geweckt. Darf ich es sehen?" Der Ghostwriter zeigt ihm das Foto, auf dem er und der Premierminister zu sehen sind, doch Professor Emmitt gibt vor, sich an nichts zu erinnern. Auch nicht, als der Ghostwriter ihm ein zweites Foto zeigt. „Woher haben Sie das?", will der Professor wissen. „Von Mike McAra, meinem Vorgänger." „Das ist wer? Er hat gekündigt?" „Nein, er ist tot." „Tut mir leid." „Es ist hierher gefahren, um Sie zu treffen, und ein paar Stunden später starb er." „Ich befürchte, da irren Sie sich. Wie ist er gestorben?" „Er ist ertrunken." „Der arme Bursche. Ich hab dem Märchen Glauben geschenkt, dass der Tod durch Ertrinken schmerzlos sei. Und Sie? Ich glaube, er muss quälend sein."

Für den Ghostwriter wird an dieser Stelle klar: Dieser Mann ist eine Schlüsselperson des Geschehens. Er weiß mehr, als er tatsächlich sagt. Mehr noch – er ist das personifizierte Böse. Als der Professor ihn an der Haustür verabschiedet, sagt er zu seinem Gast: „Wenn Sie links abbiegen, kommen Sie immer tiefer in den Wald und werden vielleicht nie mehr gesehen." Als der Ghostwriter mit seinem Auto davonfährt, sieht er im Rückspiegel wieder den schwarzen BMW. Er fühlt, dass auch er in Lebensgefahr ist.

Das, was der Ghostwriter gemacht hat, war ein Vordringen in die Höhle des Löwen. Eine Begegnung, die ihm Angst eingejagt hat. Solche Begegnungen gibt es jeden Tag auch im realen Leben. Neulich sprach ich mit einem jungen Mann, der ohne Vater aufgewachsen ist. Er fürchtet sich instinktiv vor Begegnungen mit Männern, die eine starke männliche Ausstrahlung haben. Doch so dramatisch muss es gar nicht immer sein – im beruflichen Alltag reicht manchmal schon eine Präsentation oder ein Vortrag, den wir halten müssen, um uns in Angst und Schrecken zu versetzen.

Christopher Vogler schreibt zu diesen Begegnungen mit dem Bösen, mit dem Schatten: „Die Botschaft lautet: Zurückliegende Ereignisse können sich während der Reise als Passierschein zu neuen Ländern erweisen. Keine Anstrengung ist ganz umsonst, jede in der Vergangenheit bestandene Bewährungsprobe stärkt uns für die Gegenwart und lässt sie uns besser verstehen."

Damit sagt er in meinen Augen: Zwar sind wir in den entscheidenden Situationen unseres Lebens allein. Aber bis zu diesem Zeitpunkt der Krise, der Entscheidung, der Begegnung mit dem Bösen gab es Mentoren, Begleiter, Unterstützung, Vorbereitung. Nur wenn es darauf ankommt, am Wendepunkt, gibt es niemanden und nichts außer uns selbst und die Kräfte, die wir bis zu diesem Moment in uns gebildet haben.

DER BEDEUTENDSTE GEGENSPIELER DES HELDEN IST SEIN EIGENER SCHATTEN.

DER FEIND IN MEINEM KOPF

Dabei ist der Feind häufig unsichtbar. Er kann das personifizierte Böse sein, aber auch etwas Ungreifbares wie der CIA, die Mafia – oder ein Unternehmen als Ganzes. Und dann sind da noch die Feinde in uns selbst. Die tiefen Wurzeln unserer Geschichte, unserer Vergangenheit. Die entscheidende Prüfung besteht darin, sich dieser Feinde – sprich: der eigenen Wurzeln und Vergangenheit – bewusst zu werden und sie zu bewältigen. Zu diesen inneren Feinden gehört in erster Linie die Auseinandersetzung mit dem eigenen Tod. Im James-Bond-Film „Goldfinger" fragt Agent 007 an einer Stelle: „Und, was erwarten Sie von mir, Mr. Goldfinger?" Der antwortet: „Nun, Mr. Bond, ich erwarte, dass Sie sterben." Der Bond-Widersacher bringt perfekt auf den Punkt, worum es hier geht: Wir alle wissen, dass ein Held erst sterben muss, bevor er wiedergeboren wird. James Bond erleidet in seinen Filmen jeweils mehrfach Tode, könnte man fast meinen. Es gibt immer eine Stelle, an der wir als Zuschauer denken: Oh nein, jetzt hat es ihn erwischt. Im Film stellen Szenen, in denen der Held dem Tod erfolgreich ein Schnippchen geschlagen hat, eine Wendung, einen Punkt der Verwandlung dar: Erst danach darf er sich mit Fug und Recht als Held betrachten. Und mit dieser entscheidenden Prüfung ist die zentrale Krise überstanden.

Diese Momente, in denen wir dem Tod ins Auge blicken, gibt es aber auch in unser aller Leben. Sie gehören dazu. Das kann eine Situation sein, in der wir haarscharf einem Unfall entgehen. Oder in der vor unseren Augen ein Mensch stirbt. Als Jugendlicher stand ich einmal an einem Bahnübergang, der nur mit Halbschranken versehen war. Die Schranken waren geschlossen, alle Signale standen auf Rot. Dennoch schickte sich ein Mann an, die Gleise zu überqueren. Ich packte ihn und zog ihn zurück, ungefähr eine halbe Sekunde, bevor der Zug ihn überfahren hätte. Dieses Erlebnis hat mich tief geprägt, ich habe die Situation heute noch genauso vor Augen, als hätte sie sich gerade eben erst ereignet.

Nicht nur die Auseinandersetzung mit dem eigenen Tod gehört zu unseren inneren Feinden, auch unsere ureigenen Ängste, wie auch immer diese aussehen. Viele Menschen sehen sich mit diesen inneren Ängsten vor entscheidenden Stationen ihres Lebens konfrontiert – zum Beispiel vor ihrer Hochzeit. Auch mir ging das so. In der Zeit vor der Hochzeit mit meiner ersten Frau Bettina quälten mich große Versagensängste. Ich wusste auf einmal nicht mehr, ob ich den Herausforderungen und Aufgaben einer lebenslangen Beziehung gewachsen war. In der Nacht vor unserer Trauung gerieten wir in einen schlimmen Streit. Für mich war in diesen Stunden klar: So können wir nicht vor den Traualtar treten. Doch der Streit war am Ende unerheblich, er hatte sich lediglich an meiner Angst vor der Ehe entzündet. Und alle anderen Ängste hatte ich dann auch noch gleich in diesen Konflikt hineingetragen. Innerlich starb ich tausend Tode. Für mich stand alles auf dem Spiel – meine Freiheit, meine Eigenständigkeit, meine Zukunft, meine Vergangenheit, einfach alles. Es waren die Schatten meines ganzen Lebens, die da mit Macht versuchten, Überhand zu gewinnen. Es waren ganz unterschiedliche Persönlichkeitsanteile – unterdrückte Ängste, große Lebensfragen, die noch nicht beantwortet waren. Ich wage einmal eine Behauptung: Jeder Mann, der von seiner Freundin oder Frau hört, dass sie schwanger ist, kennt diese Ängste ebenfalls. Denn er weiß dann genau, dass sein Leben sich ändert, und zwar in ganz zentralen Bereichen. In der Handlung eines Films ist das der Punkt, an dem der Held sterben muss, innerlich oder äußerlich, um danach wieder auferstehen zu können.

Eines ist jedoch klar: Die Begegnung mit dem Bösen ist nie der Höhepunkt eines Films und auch nicht der Höhepunkt einer Geschichte. Sie ist nur der zentrale Punkt – und erst danach kommt die eigentliche Prüfung. Daraus ergibt sich zwangsläufig: Wer die Begegnung mit dem Bösen nicht meistert, kann das eigentliche Problem nicht angehen. Und auch die Reise nicht erfolgreich zu Ende bringen. Die eindrücklichste Begegnung mit den eigenen Dämonen, durch die William Whitaker, der Held aus dem im letzten Kapitel dargestellten Film „Flight", hindurch musste, war das Eingeständnis, dass er suchtkrank war. Hätte er sich dieser Begegnung mit den eigenen Ängsten nicht gestellt, er wäre niemals gesund geworden.

Eine besonders eindrückliche Begegnung mit den eigenen Schatten oder unbewältigten Lebensthemen ist im Film „Das Haus am Meer" dargestellt. Hauptpersonen sind George Monroe und sein Sohn Sam, der Held des Films ist jedoch Sam. George und Sam haben eine schwierige Beziehung. Sam ist drogenabhängig – mit den Drogen betäubt er den Schmerz darüber, dass sein Vater die Familie verlassen hat, als er selbst noch ein Teenager war. Sich selbst als geliebten Sohn zu begreifen, will ihm seither nicht gelingen. Er zeigt im Gegenteil massive Aggressionen seinem Vater gegenüber. Als George nun die Diagnose bekommt, dass er unheilbar an Krebs erkrankt ist und bald sterben wird, lädt er seinen Sohn ein, den Sommer mit ihm gemeinsam zu verbringen und anstelle des alten Hauses, in dem er wohnt, ein neues zu bauen. Mitten im Film findet die zentrale Krise statt: Zwischen den beiden herrscht ein angespanntes Schweigen, Sam will eigentlich abreisen, George wirft die Drogen seines Sohnes ins Klo. Es geht in der Kommunikation der beiden weder vor noch zurück. In einer der dazugehörigen Szenen springt George von einer steilen Klippe unvermittelt ins Meer. Dieser Moment löst in Sam eine immense Angst um seinen Vater aus, er flucht und schreit unkontrolliert, und als sein Vater lachend und prustend wieder aus dem Wasser steigt, brüllt er ihn an: „Wenn ich eine Knarre hätte, würde ich dich umbringen!" Da wird deutlich, dass er sich dem Bösen stellt, seinen Ängsten, seinem Vaterkonflikt, der sein ganzes Leben überschattet. Diese Begegnung findet ihren Höhepunkt, als George zu Sam sagt: „Bau dieses Haus mit mir." Sam setzt sich daraufhin auf sein Bett und beginnt zu weinen. Es ist eine immense Barriere für ihn, diesem Wunsch seines Vaters nachzukommen. Aber er überwindet die Barriere und die beiden machen sich an die Arbeit. Und dass diese Begegnung ganz lehrbuchhaft erst den Weg für die Lösung des eigentlichen Problems freigemacht hat, wird zu einem späteren Zeitpunkt des Films deutlich, als Sam erfährt, dass seins Vater unheilbar an Krebs erkrankt ist. Die beiden stehen in der Küche und Sam fragt seinen Vater. „Was ist eigentlich mit deinem Rücken?" „Ich habe ein Problem mit Krebs", antwortet George da. „Ich verstehe nicht, was du meinst." „Eines, für das es keine Lösung gibt." „Ich kapier das nicht." „Sam, ich wollte, dass wir zusammen ein paar Monate verbringen. Manchmal passieren Dinge aus einem Grund.

Schlimmes geschieht, um Gutes zu bewirken." Sam ist fassungslos: „Du stirbst?" George nickt. Sam geht auf seinen Vater zu, umarmt ihn und beginnt zu weinen. „Du bist ein Arschloch, verstehst du?", sagt er. Noch zweimal wiederholt er diesen Satz. Dann wird er wütend und drischt auf die Kleidung in seinem Kleiderschrank ein. „Hast du mich hergeholt, damit ich dich irgendwann gern haben?", will er wissen. „Nein, Sam, ich wollte nicht, dass du mich gern hast. Ich wollte, dass du mich liebst." „Herzlichen Glückwunsch, Scheiße nochmal, das ist dir gelungen." Und mit diesem Satz hat Sam die zentrale Prüfung des Films bestanden. Er hat sich seinem verdrängten Schmerz darüber gestellt, dass der Vater die Familie verlassen hat. Und er hat selbst im Angesicht des Todes seines Vaters die Heldenreise zu seiner eigenen Männlichkeit abgeschlossen. In dem Moment, in dem er seinen Vater in Liebe und Kummer umarmt hat, ist er zum Mann geworden. In einer der nächsten Szenen des Films stirbt George im Krankenhaus, Sam wird Bauleiter und baut mit vielen anderen Menschen das Haus am Meer fertig – das Traumhaus seines Vaters.

Christopher Vogler schreibt über die Bösewichte auf der Heldenreise: „Der bedeutendste Gegenspieler des Helden ist sein eigener Schatten. Mitunter bedarf es einer dunklen Seite, um die Verhältnisse zu klären, um dem Helden den nötigen Widerstand zu geben, gegen den er antreten kann."

Im Film stellen sich diese Schatten oft als die Eigenschaften dar, die wir auf andere projizieren – es sind die inneren Probleme, die wir selbst haben. Die Herausforderung auf der Reise des eigenen Lebens besteht oft genug darin, die inneren Konflikte zu benennen und ans Licht zu bringen. Wenn uns dies gelingt, dann werden wir gesund. Das ist die Heilung. Und oft ist das gar nicht so schwer. Sobald ein Konflikt Licht und Luft bekommt, ist er in der Regel auch schon gelöst.

ALT GEGEN JUNG, JUNG GEGEN ALT

In vielen großen Filmen generiert sich die zentrale Begegnung mit dem Bösen als ein Generationenkonflikt – Jung gegen Alt. Die Abnabelung der Jungen von den Alten ist ein großes Thema, nicht nur im Film. In der Biografie eines Mannes gibt es einen Moment, in dem der Vater seinem Sohn dabei hilft, sich von der Mutter abzunabeln. Ist der Vater abwesend, geschieht diese Abnabelung nicht – mit der Konsequenz, dass Söhne mit 30 oder 40 Jahren immer noch am Rockzipfel der Mutter hängen. Sie haben dann die zentrale Prüfung zu bestehen, sich im erwachsenen Alter von ihrer Mutter lösen zu müssen. „Bin ich Partnerersatz für meine Mutter? Manipuliert sie mich? Warum habe ich Angst, mich von einer manipulativen Mutter zu lösen?" Das könnten dann die leitenden Fragen sein.

Zu meinem eigenen Vater hatte ich lange Zeit eine sehr distanzierte Beziehung – der Tod meiner Mutter war ein zu einschneidendes Ereignis. Auch als mein Vater ein zweites Mal heiratete, änderte sich das nicht. Er blieb mir nach wie vor fremd. Irgendwann begriff ich, das er seinen Schmerz über den Tod meiner Mutter nicht mit uns Kindern teilte. Er teilte ihn mit niemandem. Das konnte man recht deutlich daran beobachten, dass zum Beispiel nichts an der Wohnungseinrichtung geändert werden durfte. Alles musste genauso bleiben, wie es vor dem Tod meiner Mutter gewesen war. Jeder noch so kleine Dekorationsgegenstand blieb an seinem Platz. Die Wohnung wurde zu einem Museum. Es dauerte Jahre, bis sich meine zweite Mutter – so bezeichne ich die zweite Frau meines Vaters – durchsetzen konnte und die Wohnung neu einrichtete und so aus dem Museum wieder ein lebendiges Zuhause wurde. Dieses Neugestalten war ein großes Stück Trauerarbeit für meinen Vater.

Eine wirklich intensive und lebendige Beziehung zu meinem Vater entwickelte ich erst wieder, als meine erste Frau im Sterben lag. Plötzlich hatten wir beide das gleiche Thema und den gleichen Schmerz, den es zu bewältigen galt. Die Begegnungen mit meinem Vater in dieser Zeit kosteten mich viel Kraft – meinem Vater meinen Schmerz anzuvertrauen, obwohl er selbst das umgekehrt nie getan hatte. Ihm meine bodenlose Angst zu

zeigen. Die ungeklärte Beziehung zwischen uns hatte sich auf diesen Tod meiner ersten Frau zugespitzt. Kurz bevor Bettina starb, rief ich meinen Vater aus dem Krankenhaus an und sagte ihm, dass ich schon die Ewigkeit in Bettinas Augen sehen könne. Diesen Moment mit meinem Vater zu teilen, war der Höhepunkt meines Konflikts mit ihm. Mein Vater war in diesem Moment gleichzeitig meine Zuflucht, mein Bezugspunkt und mein Schatten. Dieses Telefonat war die entscheidende Prüfung. Und gleichzeitig der Wendepunkt in unserer Beziehung, der alles verändert hat. Ich war 37 Jahre alt. Mein Vater sagte mir am Telefon, dass er meine Gefühle gut nachvollziehen könne. Und erzählte mir das erste Mal vom Tod meiner Mutter.

Wenn ich die Jahre Revue passieren lasse, die seither verstrichen sind, dann bin ich sehr dankbar. Dafür, dass wir mittlerweile eine ganz normale Vater-Sohn-Beziehung haben. Wir telefonieren regelmäßig, machen Ausflüge und Touren zusammen. Wir haben all das nachgeholt, was uns vorher beiden gefehlt hat. Seither herrscht in meinem Herzen Frieden.

Der Ghostwriter steigt in das Flugzeug des Premierministers und setzt sich neben ihn. „Wollen Sie mir etwas sagen?", fragt der Premierminister ihn. „Ich war bei Professor Emmitt", antwortet der Ghostwriter. „Bei dem Schwafler?" „Ich weiß,

dass er Ihr Führungsagent beim CIA war." Der Premierminister lacht schallend: „Ach, du meine Güte. Sie meinen das tatsächlich ernst!" Der Ghostwriter zeigt ihm das Foto, das er auch schon Professor Emmitt gezeigt hat. „Mir ist noch nie so ein Blödsinn zu Ohren gekommen", sagt der Premierminister. Der Ghostwriter dagegen weiß: Diese Situation ist die entscheidende Prüfung für ihn. Der Premierminister ist in Kriegsverbrechen verwickelt – und er konfrontiert ihn damit, obwohl dies seinen Vorgänger offensichtlich das Leben gekostet hat.

MUT ZUM WEITERDENKEN

▼

Nehmen Sie Ihre Geschichte in die Hand
und schreiben Sie Ihre Gedanken auf:

Gibt es Ihrer Geschichte einen
inneren Konflikt?

•

Haben Sie in nächster Zeit eine
wichtige Prüfung, steht eine bedeutende
Entscheidung an?

•

Was hält Sie davon ab,
Ihre Schatten ans Licht zu holen?

•

KAPITEL 7

DER KAMPF MIT DEM FEIND

Lernen Sie und teilen Sie Ihr Wissen

Der Klinikbesitzer Edward Cole und der Automechaniker Carter Chambers lernen sich im Krankenhaus kennen. Beide haben Krebs. Während sie die verschiedenen Therapien über sich ergehen lassen, freunden sie sich an. Trotz ihrer unterschiedlichen Herkunft und Hintergründe werden sie Gefährten auf ihrer Reise, die Krankheit zu überwinden. Irgendwann erfahren sie jedoch, dass sie nur noch eine Lebenserwartung von sechs bis zwölf Monaten haben. Carter beginnt, eine „Bucket List" zu schreiben, eine Liste, auf der all die Dinge stehen, die er noch tun und erleben will, bevor er den Löffel abgeben muss. Edward macht sich zunächst ein bisschen lustig über diese Liste, ergänzt dann aber eigene Punkte und überzeugt Carter, die Aktionen auf der Liste in der Zeit, die ihnen beiden noch bleibt, in die Tat umzusetzen. Die beiden reisen in Edwards Privatjet um die Welt, springen mit einem Fallschirm, brausen mit einem Motorrad über die Große Mauer, besuchen das Taj Mahal, gehen in Afrika auf Safari und ruhen sich auf dem Dach der Pyramiden in Ägypten aus. Dort sagt Edward zu Carter: „Ich wünschte, ich hätte dich vor unserem Tod kennengelernt." Carter antwortet ihm: „Die alten Ägypter hatten eine schöne Vorstellung vom Tod. Wenn ihre Seelen an die Himmelspforte kamen, stellten ihnen die Götter zwei Fragen. Erstens: Ist es dir gelungen, Freude im Leben zu finden?" „Ja", antwortet Edward. „Zweitens: Hat dein Leben anderen Freude gebracht?" „Ich weiß es nicht so genau."

Kurz nach der Rückkehr von ihrer Reise wird Carter wieder ins Krankenhaus eingeliefert. Er hat Metastasen im Gehirn. Edward kommt, um ihn zu besuchen. „Du siehst beschissen aus", sagt er zu Carter. „Danke", lautet die trockene Antwort. „Wirst du denn gut versorgt?" „Die Erbsensuppe ist immer noch grässlich." „Ich rede mal mit dem Besitzer." „Ja, tu das." Die beiden schauen sich an. Der Tod steht zwischen ihnen. Sie machen keine großen Worte darum. Carter fragt stattdessen: „Trinkst du immer noch diesen Etepetete-Kaffee?" „Was?" „Lies das mal hier",

antwortet Carter und gibt Edward einen Artikel über Kopi-Luwak-Kaffee, den Edward so liebt – die teuerste Kaffeesorte der Welt.

Deutscher Titel: Das Beste kommt zum Schluss
Originaltitel: The Bucket List
Erscheinungsjahr: 2007
Regie: Rob Reiner
Verleih: Warner Bros. Pictures Germany

In diesem Artikel ist beschrieben, woher das unvergleichliche Aroma dieses Kaffees rührt: Schleichkatzen fressen die Bohnen und scheiden sie wieder aus, bevor sie weiter verarbeitet werden. „Ich fass es nicht", sagt Edward. Carter und er lachen schallend, bis ihnen die Tränen kommen. „Ich brauche einen Stift", sagt Edward, als er wieder Luft bekommt. Und streicht Punkt 3 von ihrer gemeinsamen Bucket List: Lachen, bis ich weine. „Hier ist noch nicht alles abgehakt", sagt er anschließend zu Carter und ergänzt: „Das ist keine Ein-Mann-Liste." „Ich fürchte, jetzt muss es eine werden", antwortet ihm Carter.

Die beiden Protagonisten in „Das Beste kommt zum Schluss" haben mit ihren ganz eigenen Herausforderungen zu kämpfen: Der friedliebende und gläubige Carter lernt, sich vom materialistischen, verschwendungssüchtigen Edward einzuladen und zu dieser unfassbaren Reise anstiften zu lassen. Und Edward setzt sich mit seinem eigenen Ende, mit der eigenen Sterblichkeit auseinander – etwas, was Carter für sich schon längst angenommen und akzeptiert hat. Edwards größte Angst ist die vor dem Tod – auch vor dem materiellen Tod, denn mitnehmen kann er ja nichts. Seine Reichtümer sind wertlos. Edward verändert sich durch die Begegnung mit dem tiefgläubigen Carter – aus einem ungläubigen Zyniker wird ein Mensch, in dessen Leben die Liebe wieder einen Platz hat. Carter lebt ihm vor, wie ein gutes Ende gelingen kann. Wie ein Mensch im Angesicht des Todes Ja zum Leben und zur Liebe sagen und sich in Würde von seinen Mitmenschen verabschieden kann. Edward lernt von Carter, dass sein Leben, seine Geschichte ein gutes Ende nehmen wird, wenn er bereit ist, den Tod zu akzeptieren – zunächst einmal, indem er auch seinen Freund Carter loslässt. Nachdem sein Gefährte gestorben ist, ist Edward auf sich alleine gestellt. Seinem Tod muss er alleine begegnen.

„ICH DACHTE, DAMIT WÄREN WIR JETZT DURCH!"

Am Höhepunkt eines Films findet immer ein besonderes Erlebnis oder Ereignis statt. In diesem Fall ist es die Trauerfeier für Carter. Edward steht an dessen geschmücktem Sarg und hält eine Rede. Eine große Trauergemeinde ist zusammengekommen, es ist das große Finale. Und es ist Edwards ganz persönlicher Kampf mit dem Feind, die letzte gefährliche Begegnung mit dem Tod.

Wenn der Held aus dem Kampf mit dem Feind siegreich hervorgeht, dann hat er eine Art innerer Reinigung erfahren. Der Geruch des Todes ist dann nicht mehr zu spüren. Im Helden erwacht

eine neue Persönlichkeit, ein neues Leben. In ihm ist Schmerz über das Vertraute, das er zurücklässt, aber auch Freude über das, was er gelernt hat und was kommen wird. Von jedem Helden wird am Höhepunkt seiner Reise ein Opfer verlangt: Meist muss er sich von einem Glaubenssatz, von einer Überzeugung lösen. Edward löst sich zum Beispiel von seiner Todesangst. Und umarmt stattdessen das Leben. Das lateinische Wort für Opfer lautet „sacrificium" – „heilig machen". „Und genau dies wird von einem Helden erwartet. Er soll die Geschichte heiligen, indem er einen Teil von sich selbst opfert", schreibt Christopher Vogler dazu. Für uns Christen bildet dieses Thema die Basis unseres Glaubens und unseres Selbstverständnisses. Christus ist für uns am Kreuz gestorben, er hat sich selbst geopfert. Auch in unserer eigenen Biografie ist es unsere Aufgabe, Opfer zu bringen. Und wenn es nur der Egoismus ist, den wir auf der Strecke lassen. Erst wenn wir das getan haben, können wir auf unserer weiteren Reise durch unser Leben bestehen. Auch ich

selbst habe viele Haltungen und Glaubenssätze im Laufe meines Lebens geopfert. Einer davon war der Satz „Mein Vater liebt mich nicht" – davon und von den dazugehörigen Krisen habe ich Ihnen schon erzählt.

Es gibt eine Geschichte, die mich in diesem Zusammenhang immer besonders bewegt. Es ist die biblische Geschichte von Josef und seinen Brüdern. Darin gibt es gleich zwei Höhepunkte: als Josef sich gegenüber seinen Brüdern zu erkennen gibt – sie sehen in ihm den mächtigen Stellvertreter des Pharaos und nicht mehr den Bruder, den sie nach vielen Jahren der Trennung nicht mehr erkennen – und als die Brüder nach dem Tod ihres Vaters Jakob nun Josefs Rache fürchten für all das, was sie ihm in seinen jungen Jahren angetan haben. Josef ist jedoch ein echter Held, der auf seiner Reise gelernt hat, Opfer zu bringen: Beide Male besteht er weder auf Rache noch auf Wiedergutmachung, sondern zeigt sich edelmütig: „Als man ihm diese Worte [gemeint ist die Nach-

richt vom Tod seines Vaters] überbrachte, musste Josef weinen. Seine Brüder gingen dann auch selbst hin, fielen vor ihm nieder und sagten: Hier sind wir als deine Sklaven. Josef aber antwortete ihnen: Fürchtet euch nicht! Stehe ich denn an Gottes Stelle? Ihr habt Böses gegen mich im Sinne gehabt, Gott aber hatte dabei Gutes im Sinn, um zu erreichen, was heute geschieht: viel Volk am Leben zu erhalten. Nun also fürchtet euch nicht! Ich will für euch und eure Kinder sorgen. So tröstete er sie und redete ihnen freundlich zu." (Genesis 50, 17–21)

Josefs Opfer bringt ihm Reinigung, Läuterung, Katharsis. Es heilt ihn von jeglichen emotionalen Giften und diese innere Reinigung führt dazu, dass er zum Vater wird: Er übernimmt die Rolle des Patriarchen in der Familie und wird 110 Jahre alt.

In vielen Filmen gibt es anstelle des Höhepunktes einen Showdown. In den Janes-Bond-Filmen beispielsweise. Fast schon klischeehaft spielt sich der entscheidende Kampf mit dem Feind Mann gegen Mann unter Wasser ab und gleichzeitig steht das Leben von Millionen auf dem Spiel, weil irgendwo eine Bombe tickt. Auch bei „Herr der Ringe" gibt es eine scheinbar entscheidende Schlacht – die von Helms Klamm. Es gibt unzählige Tote, alles scheint verloren und völlig aussichtslos zu sein. Im Morgengrauen eilt Gandalf mit einer neuen Armee zu Hilfe, der Held atmet ebenso auf wie der Zuschauer – aber diese Hilfe ist nur ein Trugschluss! Die neuen Truppen sind nur Gefährten, die dem Helden in dieser Situation beistehen. Die eigentliche Schlacht, die abschließende Prüfung muss der Held immer alleine bestehen. Das kann niemand für ihn übernehmen. Dem eigentlichen Problem muss er selbst den Todesstoß versetzen. Der Sheriff muss den Gegner ganz allein an den Galgen bringen, um es in der Sprache der Western auszudrücken. Apropos Western: In ihnen ist der entscheidende Kampf mit dem Feind immer wunderbar in

Szene gesetzt. Die Kamera schwenkt über die zentrale Straße der Stadt, niemand ist zu sehen, nichts ist zu hören, es herrscht eine atemlose Stille, die Zeit scheint stillzustehen – und auf einmal peitscht der entscheidende Schuss durch die flirrende Luft. Diese Szene ist dann meist das äußerliche Bild für das, was in den letzten anderthalb Stunden des Films passiert ist.

Ich habe es weiter oben schon erwähnt: Der finale Kampf mit dem Feind, der spannende Wendepunkt im Film „Das Beste kommt zum Schluss" ist Edwards Grabrede für Carter. Danach steht der nächste Schritt an: Er kehrt in seine Welt zurück und muss sich dort bewähren. Muss mit Taten beweisen, was er gelernt hat – und nicht nur mit Worten. Und diese Bewährungsprobe besteht er mit Bravour: Er schafft es, sich mit seiner Tochter zu versöhnen und endlich sein Enkelkind kennenzulernen – für ihn das schönste Mädchen auf der Welt. Er schafft es, die Liebe wieder in sein Leben zu lassen. Und er schafft es, sich mit seinem eigenen Ende auszusöhnen.

„Es ist etwas anderes, ob der Held in der anderen Welt lediglich etwas lernt oder ob es ihm auch gelingt, dieses Wissen heim in die gewohnte Welt zu tragen und dort anzuwenden." Das schreibt Christopher Vogler. Und ich verstehe diese Sätze so: Ein Held muss sich in seiner Welt bewähren, nachdem er von der Reise zurückgekommen ist. Nur mit Worten funktioniert das nicht. Seine Umgebung – und in einem Film die Zuschauer – wollen Taten sehen. Bildlich gesehen, bringt er von seiner Reise etwas mit: ein Elixier, ein Heilmittel, etwas, das er mit anderen teilt. Christopher Vogler drückt es so aus: „Wenn jemand von einer Reise ohne etwas zurückkehrt, was er mit anderen teilen könnte, ist er kein Held, sondern ein selbstsüchtiger Schuft, der nichts gelernt hat." Das Brisante daran ist: Wer nichts gelernt hat auf seiner Reise, wird stets aufs Neue mit denselben Themen konfrontiert werden und durch alle Prüfungen wieder und wieder hindurchmüssen – so lange, bis er es kapiert hat. Glauben Sie mir: Mei-

ne Frau stöhnt auch nach 12 Jahren Ehe immer wieder mal resigniert: „Ich dachte, damit wären wir jetzt durch", wenn ich wieder einmal aus der Haut gefahren bin oder getroffene Entscheidungen revidiere. Ich habe eben meine wunden Punkte. Und muss noch einiges lernen auf meiner Lebensreise.

BEWÄHRUNGSPROBE IN DER ALTEN WELT

Die Heldenreise ist ein Konzept, das sich nicht nur für Film-Drehbücher eignet, sondern entlang deren Richtlinien sich auch die Geschichten unseres Lebens wunderbar rekonstruieren oder ausrichten lassen. Dadurch gewinnen wir einen übergeordneten Blick auf das, was uns geschieht und uns manchmal fast den Spaß am Leben verderben könnte. Wer will schon gerne durch schmerzhafte Krisen und haarsträubende Prüfungen hindurch, bevor endlich alles gut wird? Wenn wir aus der Vogelperspektive darauf schauen, schaffen wir es eher, das große Ganze zu sehen und festzustellen, dass vielleicht doch nicht alles so schlimm ist, wie es sich im ersten Moment anfühlt. Und wir erkennen, dass sich auch die schlimmsten Dinge ändern und dass wir Ressourcen haben. Viele und gute Ressourcen.

Um das Heldenreisen-Konzept noch einmal an einem Beispiel aus dem ganz normalen Leben deutlich zu machen: Stellen Sie sich einen Menschen vor, der als ganz kleines Kind von seinen Eltern zur Adoption freigegeben wurde und bei Adoptiveltern aufgewachsen ist. Irgendwann in der Pubertät wird sich in diesem Menschen ein Unbehagen breitmachen. In dieser Phase fantasieren sowieso viele Kinder, dass diese beiden schrecklichen Menschen, die sich als ihre Eltern bezeich-

NEHMEN SIE IHR SCHICKSAL
IN DIE HAND! TUN SIE ETWAS!
TREFFEN SIE ENTSCHEIDUNGEN!

nen, gar nicht ihre richtigen Eltern sein können – wie sollte es sonst möglich sein, dass sie sich so überhaupt nicht von ihnen verstanden und ihnen zugehörig fühlen? Für adoptierte Kinder ist diese schreckliche Fantasie normale Tatsache – und die offene Frage, wer denn nun die leiblichen Eltern sind und ob mit ihnen vielleicht ein besseres Auskommen möglich wäre, drängt sich in den Vordergrund. Die gewohnte Welt wird infrage gestellt. Es beginnt die Suche nach den leiblichen Eltern und damit die Heldenreise. Vielleicht wehren sich die Adoptiveltern strikt gegen dieses Ansinnen, vielleicht sind es die Behörden, die nicht mitspielen – Feinde, Krisen und Bewährungsproben gibt es auf dieser Reise mehr als genug. Aber auch Begleiter und Mentoren – Freunde, Lehrer, andere Verwandte. Irgendwann dringt dieser Mensch in die tiefste Höhle vor – es kommt zum Höhepunkt, zum Showdown, zur ersten Begegnung mit den leiblichen Eltern oder zumindest einem leiblichen Elternteil. Gelingt es, von dieser Reise etwas mitzunehmen nach Hause und eine Beziehung mit den leiblichen Eltern aufzubauen? Gelingt es, daran zu reifen und selbst erwachsen zu werden? Das wirkliche Ende bleibt – anders als im Film – meist offen. Aber deswegen gehen wir ja auch so gerne ins Kino: Weil dort, anders als im echten Leben, am Schluss keine Frage unbeantwortet bleibt.

Der bisherige Höhepunkt meines ganz persönlichen „Films" mit meinem Vater war sein 90. Geburtstag. An diesem Tag kam etwas in unserer gemeinsamen Beziehung zu einem Abschluss. Dem vorausgegangen war eine gemeinsame intensive filmische Arbeit, denn ich hatte ihm zu seinem Geburtstag einen Film über sein Leben geschenkt. Ich wollte, dass er für sich, für mich und alle seine Nachkommen festhält, was ihn in seinem Leben bewegt und geprägt hat. Ich war und bin viel zu sehr Filmemacher, als dass ich das nicht hätte tun können. Etliche Wochen vor seinem 90. Geburtstag war ich also mit meiner Kamera in den Schwarzwald gereist und hatte sie im Wohnzimmer aufgebaut, vor dem Sessel, in dem

mein Vater immer saß. So auch an diesem Tag. Ich stand hinter der Kamera und bat ihn, einfach die wichtigsten Stationen seines Lebens zu erzählen. Ich glaube, das war eine große Mutprobe für ihn. In den ersten zehn Minuten gab er sich unglaubliche Mühe, wie gedruckt zu sprechen. Das wirkte ungefähr so authentisch, als hätte man ihn mit einem Laserschwert ausgestattet und in eine futuristische Filmkulisse gestellt. Oh je, dachte ich mir, das war keine gute Idee. Doch dann, ab Minute 12, geschah etwas. Ich weiß nicht genau, was es war, aber mein Vater vergaß einfach, dass da eine Kamera war. Ließ sich mittragen und neu erschüttern von den Krisen seines Lebens, die er mir erzählte. Er sprach davon, wie er im Flakfeuer lag, den Tod vor Augen. Wie er überlebte. Und was danach alles geschah. Die Zeit, die wir uns dafür genommen hatten, verging wie im Flug. Und sie war so bereichernd für mich – und ich glaube auch für ihn –, dass ich gar nicht wusste, wohin mit meiner Dankbarkeit.

Anschließend machte ich aus diesen Aufzeichnungen ein Filmportrait über meinen Vater. Ich ergänzte die Interviews mit anderem filmischen Material aus der jeweiligen Zeit, alten Wochenschauen zum Beispiel. Und als sein 90. Geburtstag kam, reiste ich wieder in den Schwarzwald. An diesem Tag sollte er das fertige Werk zu sehen bekommen – und nicht nur er, sondern alle anderen Gäste auch. Ich war sehr aufgeregt. Es war der Höhepunkt eines langen Prozesses. Ich schrieb es weiter oben schon: Für mich kam an diesem Tag etwas zu einem Abschluss. Alles war gut. Mein Vater und ich hatten eine Beziehung, wie ich sie mir zwischen Vater und Sohn wünschte: offen, ehrlich, vertrauensvoll, auf Augenhöhe. Und von Liebe geprägt.

Drei Tage später setzte ich mich in ein Flugzeug und machte mich daran, einen wichtigen Punkt auf meiner eigenen Bucket List abzuhaken: Ich besuchte die Inka-Bergfestung Machu Picchu. Als ich das Flugzeug bestieg, begann also mein nächstes Abenteuer, meine nächste Heldenreise.

Und so ist es im Leben: Eine Herausforderung jagt die nächste, es ist nie zu Ende.

Deshalb heißt die große Devise, immer und immer wieder: Nehmen Sie Ihr Schicksal in die Hand! Tun Sie etwas! Treffen Sie Entscheidungen! Verändern Sie Ihr Leben so, dass es Ihnen gefällt und gut tut!

Edward sitzt in seinem Auto und liest Carters Abschiedsbrief: „Lieber Edward, ehrlich gesagt, wenn ich die Chance hätte, würde ich es wieder so machen. Meine Frau sagte, ich sei als Fremder gegangen und als Ehemann zurückgekehrt. Das verdanke ich dir. Ich werde mich für all das, was du getan hast, nie revanchieren können. Deshalb versuche ich es gar nicht erst, sondern bitte dich lieber, noch etwas für dich zu tun. Finde die Freude wieder in deinem Leben. Carter"

Und an Carters Sarg hält Edward seine Abschiedsrede für seinen Freund und sagt: „Die letzten Monate seines Lebens waren die besten von meinem. Er hat mein Leben gerettet und das wusste er, bevor ich es wusste. Ich bin zutiefst stolz, dass dieser Mann es für wert erachtet hat, mit mir befreundet zu sein. Schlussendlich glaube ich aber sagen zu dürfen, dass wir uns gegenseitig Freude gemacht haben. Wenn ich eines Tages an meine letzte Ruhestätte gelange, und es dazu kommen sollte, dass ich vor einer bestimmten Pforte aufwache, hoffe ich, dass Carter dort ist, um ein gutes Wort für mich einzulegen und mir den Weg auf die andere Seite zu zeigen."

MUT ZUM WEITERDENKEN

▼

Nehmen Sie Ihre Geschichte in die Hand
und schreiben Sie Ihre Gedanken auf:

Gibt es einen Roman, eine Biografie,
worin Sie ein Höhepunkt besonders
fasziniert oder berührt hat?

•

Welchen Prüfungen sehen Sie sich
momentan ausgesetzt oder steht Ihnen
eine gravierende Prüfung bevor?
Was ist die entscheidende
Frage dabei, worum geht es?

•

Sind Sie bereit, als Held Ihrer
Geschichte die Initiative zu übernehmen
und Veränderungen herbeizuführen?

•

Der alte Tempel im peruanischen Dschungel explodiert. Große Felsbrocken wirbeln durch die Luft. Aus den umherfliegenden Trümmern löst sich langsam ein Raumschiff. Es hebt ab und verschwindet im Nichts. Indiana Jones und seine Freunde konnten sich gerade noch rechtzeitig aus dem Tempel retten und in Sicherheit bringen. Sie stehen am Rand eines großen Kraters, der sich nun nach der Explosion langsam mit Wasser füllt, und schauen dem Raumschiff nach, das kleiner und kleiner wird. „Wie mit dem Besen ins Nichts gefegt", sagt Oxley, einer der Begleiter Indiana Jones'. „Wo sind sie hin? Ins Weltall?", fragt dieser. „Nicht ins Weltall. In eine Welt, die sich zwischen den Welten befindet." Jetzt schaltet sich Mutt ein, Indiana Jones' Sohn: „Ich verstehe das nicht. Warum heißt es in der Legende Stadt aus Gold?" Indiana Jones antwortet ihm: „Bei den Bungas hat das Wort Gold die Bedeutung von Schatz, aber ihr Schatz war nicht Gold, sondern Erkenntnis." Ein warmes Abendlicht hüllt Indiana Jones und seine Gefährten nun ein. „Erkenntnis war ihr Schatz", sagt Indiana Jones noch einmal. *(Indiana Jones und das Königreich des Kristallschädels)*

„Ich bin doch nur ein einzelner, unwichtiger Mensch unter so vielen in diesem Land, auf diesem Kontinent, auf dieser Erde. Wie soll denn ausgerechnet ich die Welt verändern können?" Fragen Sie sich das auch, wenn Sie die Überschrift dieses Kapitels lesen? Meine These lautet: Jeder kann die Welt verändern. Jeder hat das Zeug dazu. Ganz egal, wer er ist und wie widrig seine Lebensumstände auch sein mögen. Lassen Sie mich Ihnen dazu zwei Beispiele geben.

Beispiel eins ist Philipp Riederle. Im Frühjahr 2013 erschien sein Buch „Wer wir sind und was wir wollen. Ein Digital Native erklärt seine Generation". Das Ungewöhnliche: Philipp Riederle ist gerade einmal 19 Jahre alt und schreibt nicht nur Bücher, sondern hält auch bereits Vorträge vor den Konzernchefs der deutschen Wirtschaft. Bekannt wurde er schon als 15-Jähriger. Damals

startete er seine Podcast-Reihe „Mein iPhone und ich", in der er von seinen Erfahrungen mit dem iPhone erzählte und Apps vorstellte. Die ersten Folgen zeichnete er noch in seinem Kinderzimmer auf, irgendwann rüstete er den Partykeller seiner Großeltern zu einem Studio um. Sein zweites Projekt „Mein iPad und ich ..." wurde dann von einem Internet-Versandhändler gesponsert – aufgrund der unglaublich hohen Downloadzahlen, eine Million pro Jahr, und des begeisterten Feedbacks der Zuschauer. Dieser Erfolg bewog Philipp Riederle auch dazu, sein eigenes Unternehmen zu gründen. Geschäftsführer ist sein Vater.

Eine Schlüsselerkenntnis steckte für Philipp Riederle in der Tatsache, dass sein Idol Michael „Bulli" Herbig mit seinen Filmen weniger Zuschauer hat als er selbst mit seinen Podcasts. „Ich kann mit einem Podcast, den man mit drei Klicks öffnet, mehr Menschen erreichen als ein Schauspieler mit seinem ganzen Leben." Man könnte auch sagen: Seine Geschichte verändert die Welt. Und diese Chance hat heutzutage jeder! Als ich meine Karriere startete, gab es ARD und ZDF. Wer in die Medien wollte, wer Öffentlichkeit wollte, musste dorthin. Einen anderen Weg gab es nicht. Heute kann jeder seinen eigenen Fernsehkanal starten. Es gibt Youtube, es gibt Vimeo. Man setzt sich vor die Kamera und legt los. Erzählt seine Geschichte und verändert die Welt.

Beispiel zwei – das ist die Rollstuhlfechterin Esther Weber. Seit einem Autounfall als 15-Jährige ist sie querschnittsgelähmt. „Ich bin nicht behindert, ich werde behindert. Ich benötige den Rollstuhl nur, um mobil zu sein", sagt sie. Von 1992 bis 2004 gewann sie insgesamt zehn paralympische Medaillen. Sie ist Weltmeisterin im Rollstuhl-Fechten. 2012 bei den Paralympics in London trug sie die deutsche Flagge ins Stadion. Sie ist Mutter von zwei Kindern und hat letztes Jahr ihr Studium der Betriebswirtschaft abgeschlossen.

IHRE STORY
VERÄNDERT
DIE WELT

Ich glaube, Esther Weber hat an einem bestimmten Punkt in ihrem Leben begriffen, dass ihre eigene Geschichte Vorbildcharakter hat. Im Zuge dessen hat sie unter anderem die Namenspatenschaft für eine Körperbehindertenschule in Emmendingen übernommen. Auf der Esther-Weber-Schule macht sie damit allen Schülerinnen und Schülern Mut: Ihr könnt es schaffen. Jeder hat seine ganz eigene Begabung. Setzt sie ein, nutzt sie!

Und ich denke, dass dieser Apell für jeden Menschen auf dieser Welt gilt – auch für Sie:

Machen Sie sich bewusst, was Sie gut können, wofür Sie brennen. Fragen Sie sich, wie Sie aus Ihrer ganz persönlichen Leidenschaft eine Welle entwickeln können, die Ihre Umgebung verändert.

Das kann Ihr Freundeskreis sein, Ihre Dorfgemeinschaft, das Stadtviertel, in dem Sie leben. Und vielleicht sogar Ihr Land oder eben die ganze Welt.

Beginnen Sie, über sich selbst nachzudenken. Über Ihre Geschichte. Schreiben Sie kleine Blogbeiträge dazu, veröffentlichen Sie Statusmeldungen auf Facebook. Teilen Sie Höhe- und Tiefpunkte mit anderen. Bleiben Sie nicht in der Isolation. Haben Sie den Mut, sich mit anderen auszutauschen, auch über das, was nicht gut klappt. Das ist in den sozialen Netzwerken natürlich immer ein etwas brisantes Thema, sicher. Aber wie in jedem guten Internet-Forum, bekommt man in den sozialen Netzwerken auch immer Unterstützung, meist von gänzlich unerwarteter Seite. Wenn man auf diese Art und Weise Hilfe erfährt, kann man die sozialen Netzwerke nutzen wie ein Fotoalbum: Schauen Sie sich genau an, was Sie alles erlebt und veröffentlicht haben, knüpfen Sie an die Höhepunkte an, an die positiven Stationen. Ihr Schatz der Erkenntnis wird sein: Alles, was Sie brauchen, um mit Ihrer Geschichte die Welt zu verändern, tragen Sie bereits in sich. Sie sind der Held Ihres Lebens. Und Gott ist dabei und hilft Ihnen, Regie zu führen. Er freut sich an Ihrem Leben. Worauf warten Sie noch?

DIESE FILME SOLLTEN SIE SEHEN:

Jedes Kapitel dieses Buchs ist von der Idee der Heldenreise geprägt. Etliche Filme, die dies deutlich machen, habe ich Ihnen bereits vorgestellt. Darüber hinaus lege ich Ihnen die folgenden sehenswerten Filme besonders ans Herz.

WIE IM HIMMEL (2004)

Ein erfolgreicher Dirigent kehrt in sein schwedisches Heimatdorf zurück. Nicht freiwillig: Ein Herzinfarkt beendet abrupt seine Karriere. Nach einer langen Irrfahrt gewinnt er im Chor der Gemeinde Zugang zu seinem eigenen Herzen und versöhnt sich mit seiner Biografie.

NOVA ZEMBLA – UNBEKANNTES LAND (2013)

Holland, 1596: Gerrit de Veer, Handlanger eines berühmten Astronomen, verliebt sich in dessen Tochter. Doch diese findet ihn nicht standesgemäß. Deshalb entscheidet sich der junge Mann, als Schriftführer eine Expedition ins Polarmeer zu begleiten. Die Mission spitzt sich zu: Gerrit muss mit der Crew am Nordpol überwintern.

WAG THE DOG – WENN DER SCHWANZ MIT DEM HUND WEDELT (1997)

Als der amerikanische Präsident kurz vor der Wahl eine Affäre mit einer Schülerin hat, engagiert sein Team einen Hollywood-Produzenten. Mit einem fiktiven Krieg in Albanien, der im Studio inszeniert wird, will der Filmemacher von der Realität ablenken und die Wiederwahl des Präsidenten retten.

RENDEZVOUS MIT JOE BLACK (1998)

Ein erfolgreicher Unternehmer bekommt kurz vor seinem 65. Geburtstag einen ungewöhnlichen Besuch: Der charmante junge Mann stellt sich als Tod vor, der gekommen ist, um ihn abzuholen. Um das nahende Ende hinauszuzögern, schließen die beiden einen Vertrag.

HIDALGO – 3000 MEILEN ZUM RUHM (2004)

Der Reiter Frank tingelt mit einer Wildwest-Show gelangweilt durchs Land und kann sich mit seinem Alkoholpegel kaum im Sattel halten. Doch dann erhält er von einem arabischen Scheich die Einladung zum Abenteuer seines Lebens: Er soll am 3000-Meilen-Rennen teilnehmen.

ANNA UND DER KÖNIG (1999)

Im Königreich Siam, dem heutigen Myanmar, lernt 1862 die junge Witwe Anna den Regenten kennen und unterrichtet seine 58 Kinder. Während im Land die Unruhen zunehmen, entwickelt sich zwischen den beiden Hauptfiguren ein spannender Kampf der Kulturen.

IN EINEM FERNEN LAND (1992)

Der irische Hitzkopf Joseph träumt von Freiheit und Abenteuern und wandert gemeinsam mit der arroganten Shannon nach Amerika aus. Die Klassenunterschiede sind extrem und die Startbedingungen in Boston deprimierend. Im Kampf ums Überleben verlieren beide Akteure ihren Traum aus den Augen.

JOHANNA VON ORLEANS (1999)

Ein 16-jähriges Bauernmädchen wird zur Nationalheldin: Im Hundertjährigen Krieg zwischen England und Frankreich entwickelt Johanna ungeahnte Kräfte und scheut sich nicht, vor Königen ihre Meinung zu vertreten. Mit ihrem Mut schreibt sie Geschichte.

DOWNTON ABBEY (2011-14)

Im Herrenhaus der Grafen von Grantham werden die politischen Umbrüche zu Beginn des 20. Jahrhunderts überzeugend visualisiert. In den zwei Welten (Adel und Dienstboten) entwickeln sich alltägliche Konflikte und persönliche Schicksale. Zu Recht wurde die Produktion mit zahlreichen Preisen ausgezeichnet.

JENSEITS VON AFRIKA (1985)

Im Zentrum steht die wahre Geschichte von Karen Blixen, die 1913 nach Kenia auswandert. Kurz nach ihrer Ankunft wird sie mit der Untreue ihres Mannes konfrontiert und muss sich als Unternehmerin bewähren: Mit einer Kaffeeplantage versucht sie, ihr Glück zu finden.

DER SELTSAME FALL DES BENJAMIN BUTTON (2008)

Ein Mann kommt als 80-Jähriger auf die Welt und wird immer jünger. In New Orleans lernt er, sein Schicksal anzunehmen. Eine packende Lebensreise, die 2005 beginnt und bis 1918 zurückreicht.

HATARI (1962)

Eine Gruppe von Großwildjägern fängt in Afrika neue Tiere für europäische Zoos ein. Die Konflikte zwischen Sean, dem Chef der Gruppe, und den anderen Teammitgliedern sind Grundlage für ein spannendes Abenteuer. In dieser Abenteuer-Komödie stimmen Timing, Dialoge und Action.

DER EINZIGE ZEUGE (1985)

Der siebenjährige Samuel beobachtet auf dem Bahnhof von Philadelphia, wie ein Mann von einem korrupten Polizisten ermordet wird. Seine Mutter gehört zur Gemeinschaft der Amischen. Als Kronzeuge schwebt Samuel nun in Lebensgefahr.

WIE EIN EINZIGER TAG (2004)

Landjunge trifft verwöhnte Tochter: Ein Jahr lang kämpft Noah um die Liebe seines Lebens und schreibt täglich einen Brief an Allie. Doch im Hintergrund zieht ihre Mutter die Fäden und fängt die Post ab. Ihr Plan: Allie soll einen ebenfalls reichen Anwalt bekommen.

LES MISÉRABLES (2012)

Das Meisterwerk von Victor Hugo erzählt den Konflikt zwischen Jean Valjean, der 19 Jahre ins Zuchthaus kommt, weil er einen Laib Brot stiehlt, und dem Inspektor Javert. Kurz vor der französischen Revolution liefern sich beide Akteure einen packenden Kampf auf Leben und Tod.

Die Reise geht weiter:

WWW.DREHBUCHDEINESLEBENS.DE